사진·미술·음악·영화·그림책 활용 통합예술적 심리치료 가이드북

그림책 거꾸로 보기

김현화·박경은·이경희 공저

그림책 거꾸로 보기

목 차

서 문 ___ '은총'·'감사' 씨앗 가득한 그림책으로의 여행·10
일러두기 ___ 통합 예술적 심리치료란 무엇인가?·14

| 제1장 | 나의 성격은 어떠한가? (사례와 활동지 활용) |

01 ___ 알라딘과 요술램프 (사례: 호기심이 많은 7살 아이)·18
　☞ 활동지 ① 난화 통한 미술치료 (난화기법의 예시)·21
　☞ 활동지 ② 화나는 상황 점검 및 표출 방법 찾기·22

02 ___ 아기돼지 삼 형제 (사례: 집중하기 힘든 초등학교 4학년 남학생 이야기)·23
　☞ 활동지 ① 오해 NO! 이해 YES!·26

03 ___ 선녀와 나무꾼 (사례: 마음이 여린 초등학교 3학년)·27
　☞ 활동지 ① 어렸을 때의 나·30

04 ___ 개미와 베짱이 (사례: 일 중독 남편)·31
　☞ 활동지 ① 나의 감정 조절하기·34

05 ____ 심청전 (사례: 너무 일찍 자라버린 딸의 마음)·36
　　☞ 활동지 ① 마음의 거리가 먼 사람, 가까운 사람·39

06 ____ 콩쥐팥쥐 (사례: 항상 이기고 싶어 하며 자기중심적인 아이)·40
　　☞ 활동지 ① 나의 소중한 것을 먼저 하자·43

07 ____ 신데렐라 (사례: 착한아이 콤플렉스)·45
　　☞ 활동지 ① 나에게 일어난 변화·48

08 ____ 토끼의 재판 (사례: 휴대폰과 생활하는 중학교 2학년 홍길동(역지사지))·49
　　☞ 활동지 ① 자기만족 테스트·52

09 ____ 반쪽이 (사례: 지체 장애 2급 진단을 받은 고등학교 2학년 철수)·54
　　☞ 활동지 ① 편견과 차별의 벽을 넘어·57

10 ____ 바보온달과 평강공주 (사례: 발달이 느린 30개월인 아이)·58
　　☞ 활동지 ① 아름다운 나·61

11 ____ 홍길동전 (사례: 진로를 결정하지 못하고 우울해하는 중학교 3학년 여학생 영희)·64
　　☞ 활동지 ① 감정을 아는 능력 기르기·67
　　☞ 나의 성격을 알아보는 12차시 프로그램·68

제2장 다양한 감정 느껴보기 : 사진치료·음악치료·영화치료 접목(사례적용)

01 ___ 유범희의 [그림자 아이가 울고 있다]·78
- 사례적용 ① 내면 아이가 울고 있어요. 우울의 대물림·85
- 사례적용 ② 부모로부터 대물림되는 우울·87

02 ___ 앤서니 브라운의 [겁쟁이 빌리]·88
- 사례적용 ① 49세 남성의 발표 불안·수치심·95
- 사례적용 ② 겁이 많고 불안이 많은 초등학교 1학년 여자아이·97

03 ___ 줄스 파이퍼의 [짖어봐 조지야]·98
- 사례적용 ① 갈팡질팡하는 진로 선택, 정체성·104

04 ___ 마거릿 와이즈 브라운의 [중요한 사실]·106
- 사례적용 ① 자신이 소중하다: 조현병인 아버지와 우울증인 어머니·111
- 사례적용 ② 남의 시선에 신경을 많이 쓰는 초등학교 5학년 여자아이·113

05 ___ 이보나 흐미엘레프스카의 [두 사람]·114
- 사례적용 ① 결혼했다고 두 사람이 한 사람이 되는 것은 아니다·119
- 사례적용 ② 무섭게 싸우는 부부·121

06 ___ 데미의 [빈 화분]·122
- 사례적용 ① 동거남에 대한 의부증과 관계 정리, 자신의 결핍·128
- 사례적용 ② 학교폭력 가해자를 상담하는 상담자의 선택·130

07 ___ 허은미의 [백 만 년 동안 말 안 해]·132
- 사례적용 ① 자녀의 게임중독이 의심된 부모, 폭력을 사용하는 아버지·136
- 사례적용 ② 다문화학생 적응의 어려움·138

08 ___ 최숙희의 [괜찮아]·140
- 사례적용 ① 자주 놀라는 아이, 아이의 마음을 잘 읽어주자·145
- 사례적용 ② 감정노동은 진짜 괜찮은가?·146

09 ___ 조미자의 [불안]·148
- 사례적용 ① 집착과 대인기피증에서 오는 우울과 불안장애·155
- 사례적용 ② 불안이 신체화 증상으로 표출되는 사례·156

※ 다양한 감정을 알아보는 12차시 프로그램·159
※ 다양한 생각을 동일시·카타르시스·통찰로 나누어 볼 수 있다·161

| 제3장 | 문학적 치유의 의미에 대하여 |

01 ____ 독서치료에 대해서 · 165

02 ____ 이야기 치료에 대해서 · 168

03 ____ 그림책 치료에 대해서 · 171

04 ____ 글쓰기 치료에 대해서 · 174

05 ____ 시(詩) 치료에 대해서 · 177

| 부록 |

01 ____ '나의 내면을 힘들게 하는 사람들과 사이좋게 지내기' 방법 · 184

02 ____ 그림책 발문지 · 187
　　　　① 앤터니 브라운의 [겁쟁이 빌리] · 187　② 줄스 파이퍼의 [짖어봐 조지야] · 190
　　　　③ 최숙희의 [괜찮아] · 193　④ 마거릿 와이즈 브라운의 [중요한 사실] · 195
　　　　⑤ 허은미의 [백만 년 동안 말 안 해] · 198
　　　　⑥-1 유범희의 [그림자 아이가 울고 있다 (1) 분리] · 201
　　　　⑥-2 유범희의 [그림자 아이가 울고 있다 (2) 대면] · 204
　　　　⑥-3 유범희의 [그림자 아이가 울고 있다 (3) 연결] · 207

⑦ 데미의 [빈 화분]·210   ⑧ 숀 탠의 [빨간나무]·213

⑨ 이보나 흐미엘레프스카의 [두 사람]·216

⑩ 카린 케이츠의 [슬픔을 치료해 주는 비밀책]·219   ⑪ 김윤정의 [엄마의 선물]·222

03 ____ 상담학적 치료기법·224

① 현실치료-WDEP 체계·224   ② 인지행동 치료·230

③ ABCDE 기법: 사례적용법·236

④ 상담의 기술: 세련된 기술, 세련되지 않은 기술·241

⑤ 합리적 정서적 심상법의 단계·244

⑥ 조하리의 창·246   ⑦ 사티어 의사소통 유형 검사지·252

⑧ 그림책을 이용한 연상기법 적용하기·255

⑨ 융이 고안한 연상 실험의 자극어(刺戟語)표(1908)·259

⑩ 이고그램 성격검사 (교류 분석)·260   ⑪ 문장완성검사 (성인용)·264

⑫ 문장완성검사 (청소년용)·268   ⑬ 난화를 통한 미술치료·271

⑭ 패밀리 트리(Family Tree): 가족 간의 관계 알아보기·272

⑮ 감정을 나타내는 표현들(정서일지)·273

⑯ 나를 불편하게 하는 감정 찾기·281   ⑰ 맥아담스의 7단계 자서전 쓰기·286

⑱ 발테그 묘화검사(WZT)·289   ⑲ 달팽이 집 따라가기·292

04 ____ 독서활동 프로그램·294

05 ____ 참고문헌·301

서문

'은총'·'감사' 씨앗 가득한 그림책으로의 여행

　그림책 '바로 보기'가 아닌 그림책 '거꾸로 보기'의 서막을 연다. 그림책은 쉽고 빠르게 읽혀지지만 그 어떤 책보다도 깊고 넓게 자신을 비추는 거울이 된다. 어떻게 하면 그림책을 좀 더 잘 읽을 수 있을까를 고민했다. 아울러 아이를 키우는 모든 부모에게, 그리고 그림책을 사랑하는 사람들에게 좀 더 의미를 부여하고자 가볍게 접근해 보기로 했다.
　제1장 '나의 성격은 어떠한가?'는 동화책을 통한 전체적인 줄거리에 대한 이해를 돕는 발문과 우리가 흔히 접할 수 있는 주변 사람들의 사례를 접목해 실생활에 적용하는 팁(Tip)과 활동지를 통해 자기 탐색을 돕고자 하였다.
　제2장 '다양한 감정 느껴보기'는 제반 정서를 심도있게 다룬 그림책을 선정해 제1장에서의 발문보다 좀 더 깊이있는 발문(동일시·카타르시스·통찰)을 적용했다. 그리고 사진치료·음악치료·영화치료를 상황에 맞게 활용할 수 있도록 제시하였다. 아울러 제1장에서의 사례적용에 비해 좀 더 깊게 다룰 수 있는 사례와 팁(Tip)을 함께 적시하였다. 제3장 '문학으로 치유한다는 것은 무엇일까?'에서는 독서치료·이야기 치료·그림책 치료·글쓰기 치료·시(詩) 치료에 대해 설명했다.

마지막 부록 부분은 누구나 적용할 수 있도록 상담학적 치료기법과 프로그램 구성 등을 다루었다.

오늘날에는 청소년뿐만 아니라 많은 사람이 과도할 정도로 미디어(인터넷·모바일 등)를 사용한다. 그러다 보니 책·신문 등 종이 인쇄 매체를 대하는 것을 어려워하거나 등한시하는 경향이 두드러졌다.

그러나 이러한 세상의 눈에 띄는 변화 가운데서도 그 명맥이 끈덕지게 이어져 와 여전히 우리 일상생활 가운데 적지 않은 영향력을 끼치는 것은 글쓰기이다. 다양한 작가들의 작품활동은 다양한 형태로 더 활발해지고 있다. 그러한 맥락에서 글쓰기는 자신의 내면 치유에 효과적이다. 글쓰기는 물론이거니와 그 결과물인 책을 읽는 독서를 통해 크고 작은 치유 효과를 얻을 수 있다. 한 권의 그림책·동화책을 통해 나를 만나는 체험을 통해 우리의 생각과 마음을 간파하게 되고 내면 문제를 해결해 성장하는 계기를 마련할 수 있다.

아이부터 어른에 이르기까지 남녀노소 불문하고 모두 부담 없이 즐기며 다양한 체험을 할 수 있는 그림책으로의 여행을 떠나고자 한다. 그림책으로 여행하다 보면 행복하고 따스한 마음의 위안과 선물을 맘껏 누리게 된다.

아이가 놀이와 미술 활동, 사진·음악을 통해 자유롭게 내면의 정서를 표현하듯이 그림책은 자기방어를 극소화하며 억압하지 않는 자신을 표현할 수 있는 매개체다. 아울러 자연스러운 방법으로 자신의 경험과 생각을 이끌어 낼 수 있는 좋은 도구이기도 하다.

그림책은 일반 책과 비교해 풍부한 상상력과 대리만족을 얻을 수 있다. 그리고 다른 미지의 세계를 경험할 수 있다. 외래어나 어려운 문구가 아닌 누구나 이해하기 쉬운 언어로 표현되어 있다. 그림 중심으로 구성되어있는 그림책은 상상력을 이끌어 낼 수 있다는 점에서 창의적이다. 때로는 어릴 적 좋아했던 캐릭터들이 등장하여 함께 여행하는 기분으로 신비한 세상으로 탐험을 떠날 수도 있다. 그림책의 또 다른 매력은 국가의 경계를 넘어서 남녀노소 누구나 부담 없이 읽을 수 있다는 점이다. 아울러 용기와 격려는 물론 좌절에 대한 위로와 희망, 삶의 과정에서 일어날 수 있는 시련 등 다양한 이슈가 부드럽게 다가와 부담이 없다. 무엇보다도 "우리의 인생은 한 번쯤 살아볼 만 하다"라는 긍정의 메시지와 동기를 부여해준다. 더 나아가 자신의 아픔과 경험은 아는 만큼 보이지만 그림책은 다양하면서도 폭넓은 관점으로 자신을 성찰하는 데 도움이 된다. 무엇보다도 어떤 선입견이나 오해 없이 있는 그대로 또렷하게 자신의 삶을 바라볼 수 있도록 도와준다는 게 그림책의 또 다른 매력이다.

'독서'라는 카테고리 속에서 우리는 자신만의 꿈을 키우기도 한다. 상상 속의 삶을 그려보기도 하고 자신의 정체성을 찾아가는 과정을 경험하기도 한다. 영적 모험담·영웅담 등을 통해 진리에 도달하기 위한 미덕(美德)을 배우기도 한다. 겸손·인내·정의로움·진실성·침묵·지혜·충직·책임감·창의성·관용·의지·용기·신뢰·너그러움·정직·용서·협동·헌신·화합·자율·소신 등등의 수많은 미덕을 자연스럽게 함양할 수 있다. 그런 수많은 연단 과정을 통해서 진정한 자아를 찾는 과정에서 하나하나 놀라운 깨우침을 얻기도 한다. 삶의 여정을 통해서의 배움은 책이라는 매체를 통해서도 더욱 폭넓게 형성되고 발전 가능성을 배가할 수 있다. 다만, 이 과정에서 자기 틀에 갇히지 않도록 늘 주의하고 조심해야 한다. 그림만 그려져 있는 책을 통해 스스로 작가가 되어 보거나 기존의 글감을 통해 또 다른 관점으로 새로운 글감을 만들어 보는 기회를 적극적으로 활용하자. 주인공의 입장이 되거나 제3자의 입장에서 반박이나 변호를 할 수도 있고 서로의 감정을 나누면서 타인을 통해 교훈뿐만 아니라 자기 이해와 자기 수용의 영역까지도 넓혀나갈 수 있다.

어른들 처지에서는 이러한 독서(그림·동화책) 활동을 통해서 인생 여정의 오후를 새롭게 맞이할 수 있다. 40대 이전의 삶이 인생의 전반전 즉 오전이라면, 인생의 오후는 그 이후의 삶을 일컫는다. 그 오후는 '또 다른 설렘'으로 오전과 똑같은 패턴의 삶이 아닌 좀 더 성숙한 인간으로 살아가는 전환점이다.

즉 나와의 진정한 만남을 통해 더 행복한 삶을 살아갈 수 있다. 이러한 '은총'과 '감사'의 씨앗을 다양한 그림책을 통해 발견하는 즐거움을 이 책을 통해 독자 여러분과 함께 나누고자 한다.

한 권의 그림책을 제대로 소화하다 보면 "인간은 무엇을 위해 살아가며 인생을 어떻게 살아갈 것인가"에 대해 자문하거나 생각하게 된다. 이 그림책을 통하여 나의 삶을 존중하고 더 나아가 타인과의 관계에서 균형과 조화를 통하여 성장하는 삶을 기대해 볼 수 있다.

이 책은 이론서가 아니다. 삶의 현장에서 독서(그림·동화책)를 어떻게 적용할 것인가에 대한 팁(Tip)을 담은 실용서적이다. 이 책에는 미술과 사진·음악·영화 등 다양한 매체 장르를 다루고 있다. 이를 통해서 독자들은 자신과 만남의 시간을 충분히 누리며 자기탐색의 자료로 활용할 수 있다.

2022년 3월 어느 봄날
[가득이심리상담센터]에서
저자 일동

일러두기

통합 예술적 심리치료란 무엇인가?

　통합이란 통합의 대상이 되는 요소나 부분이 결합해 애시당초 없던 전체성을 형성하는 과정 또는 상태를 의미한다. 아울러 '통합'을 설명하려면 인간 개인을 총체적 존재로 보고 그 구성 요소들을 3가지 하위 요소들로 구분한다. 3가지 하위 요소로는 신체적 요소, 정서적 요소, 인지적요소가 있다. 여기에서 인지적 측면이 강한 독서·사진 치료, 신체 · 정서적 요소가 강한 미술·음악치료를 통합하려는 근거를 찾을 수 있다. 무엇보다도 통합을 통해 시너지 효과를 극대화 할 수 있다. 이 과정에서 '누가', '누구와 함께', '어떠한 목적으로', '어떤 활동을 어떻게 참여할 것인가', '어떤 성장과 치유에 도움이 되는가'에 초점을 맞춘다.

　예술치료는 기존의 심리치료에 언어와 함께 이미지·연기·소리·동작 등의 창작 예술적인 매개체를 통하여 이뤄진다. 인간의 삶에서 예술은 그림·춤·노래 등의 형식으로 이야기나 이미지로 표현된다. 이런 활동을 통해 사람들은 서로에게 축하하고 슬픔을 나누며 관계를 유지한다.

　예술이 인간의 삶에 미치는 심리적인 정화기능이 카타르시스다. 인간은 그 자체로 정화기능을 지닌 예술 행위를 통해 사회적 활동에 참여하며 성장한다.

이러한 예술행위는 미술·음악·무용·문학·연극 등 다양한 예술영역으로 발전했다. 예술치료는 심리치료의 목표와 그 효과를 얻고자 심리치료와 예술 활동을 상호적용하고 통합한다. 이를 '성립된 전문영역'이라고 한다.

심리치료 이론의 배경으로 창조적이며, 자발적이며, 즉흥적으로 심리치료에 도입해 실험적이며 창조적으로 발전한 심리치료 분야가 '게슈탈트'이다. 독일에서 발전하기 시작한 게슈탈트 심리치료는 예술 활동을 심리치료에 활용한 통합 예술심리 치료이다. 이는 힐라리온 페촐트(Hilarion Petzold)가 1970년대 이후 독일 뒤셀도르프에 자리 잡은 플리츠펄스연구소에서 활동하며 '통합적 게슈탈트 심리치료' 또는 '통합적 심리치료'로 발전했다.

통합예술치료의 치료 효과와 목적은 치료 대상자에게 예술 매체에 대한 선택권을 제공하여 방어를 최소화하고 흥미와 참여도를 높여 다양한 예술 매체를 경험하도록 하기 위함이다. 아울러 통합예술치료는 예술작업의 과정을 통해 무의식을 탐색하고 무의식 속에 감춰져 있는 내면세계를 드러내며, 자기치료 능력을 발휘해 마음의 안정을 되찾게 한다.

나탈리 로저스는 "우리의 내면에 있는 부정적이고 어두운 힘을 잘 다룰 수 있도록" 하기 위해서 표현예술치료를 적용했다. 숀 맥니프는 "모든 예술에는 치유성이 있고, 나아가 치료적 활동의 모든 형태는 창의적 표현을 통해 이루어짐으로 그 활동 자체만으로도 사람들이 자신의 마음을 표현하는 기회를 제공한다"라고 지적했다. 이를 통해 창조적 예술 경험을 통한 치료를 강조하였다. 이는 미술치료·음악치료·무용(동작)치료 등 단일기법을 사용하는 것보다 통합된 예술치료가 내담자(來談者·상담자)에게 더욱 효용성이 높다는 사실을 뒷받침 해 주고 있다. 시와 미술 등 개별 장르의 언어를 학습하고 미적 요소를 발견하며 감성을 표현하는 경험을 제공하는 게 진정한 의미의 통합예술이라 할 수 있다.

☞ **그림책 속으로 들어가기**

　전래동화를 포함한 몇 개의 동화책에 대한 줄거리를 요약했고 그 동화책에 대한 간단한 질문이 들어있다. 이 질문은 한 층 깊이 마음을 들여다볼 수 있고 인간을 이해하는 데 도움이 된다. 아울러 상담사례와 활동지를 통한 자기 탐색의 과정을 살펴본다.

제1장

나의 성격은 어떠한가?

01

알라딘과 요술램프

　마법사의 꾐에 빠진 알라딘은 깊은 동굴로 요술램프를 찾으러 갔다가 동굴에 갇혀 버렸다. 그런데 요술램프에서 램프의 요정이 나타나 알라딘을 구해주고, 큰 부자로 만들어 준다. 요술램프의 요정 지니의 도움으로 공주님과도 성대한 결혼식도 하게 된다. 알라딘은 호시탐탐 램프를 노리는 마법사 자파에게서 램프와 램프의 요정 '지니'를 어떤 방법으로 지켜 낼 수 있을까? 요술 램프에는 어떤 신비한 힘이 숨겨져 있을까?

① 알라딘은 어떤 성격의 소유자일까요?

② 마법사 '자파'는 어떤 인물이었을까요?

③ 램프의 요정 '지니'처럼 나에게 오롯이 모든 걸 내어주는 사람이 있나요?

④ 나에게도 램프처럼 오래된 소중한 물건이 있나요?
   (있다면, 그 이유는 무엇일까요?)

⑤ 동굴로 들어가 엄청난 보석을 나 혼자 보았다면 그다음 행동을 이야기해 보세요.

⑥ 램프의 요정에게 세 가지 소원을 빈다면? (그리고 그 이유는?)

⑦ 램프의 요정이 아닌 스스로 소원을 이루기 위해 무엇을 해 보았나요?

⑧ 내가 요정 '지니'가 되어 소원을 들어준 적이 있나요?

⑨ 자파와 같은 사람들을 만났을 때 자기만의 대처방법은 어떠한가요?

사례 적용

호기심 많은 7살 아이

쉴 새 없이 궁금한 것을 물어오는 천진난만한 7살 남자아이입니다. 호기심에 많은 아들에게 어머니는 적지 않는 스트레스를 받고 있었습니다. 곧 초등학교 입학을 앞두고 있는데, 수업 중에 흐름을 깨지는 않을까, 그래서 선생님 눈 밖에 나지는 않을까 걱정이 태산입니다. 어머니는 평소 예의가 바르고 다른 사람을 많이 의식하는 편입니다. 그래서 어느 상황에 시의적절하지도 않고, 엉뚱한 질문을 하는 아들이 못마땅하기만 합니다. 어머니는 아들이 상처받을까봐 최대한 좋은 언어를 구사해 달래어 보기도 합니다. "뭘 그런 걸 궁금해 하니?", "공공장소에서는 조용히 해야 하는 거야!"라며 질문을 가로막거나 조용히 하라고 무언의 압박을 가하기도 합니다. 어머니는 항상 마음이 편치 않습니다. 아들의 호기심을 어떻게 해 주어야 할지 답답해하며, 아이의 활동이 왕성해지면서 엄마의 걱정도 덩달아 커진다고 하소연합니다.

Tip 아이가 자라면서 활동 범위가 넓어지고, 질문의 양과 범위 역시 증가하기 때문에 호기심이 지나치게 많아지는 것처럼 보일 수 있습니다. 하지만 이는 궁금한 것에 대한 답을 찾아가는 중요한 발달 과정이므로 넓은 마음으로 지켜보셔야 됩니다. 오히려 호기심과 질문은 아이가 지금 호기심에 대해 충분히 자극받고 충족할 수 있는 양육 환경에서 자라고 있다는 신호라고 볼 수 있습니다. 다만 아이가 주의력이 부족하고 산만하거나 원인과 결과를 고려하지 않는 엉뚱한 행동과 말을 자주 한다면 호기심과 별개로 발달 과정의 이상 신호일 수 있으니 아동 발달 전문가와 상담할 필요가 있습니다. 아울러 각 아이들 저마다의 기질적인 특성도 이해하면 양육하는 데 큰 도움이 됩니다.

활동지

난화를 통한 미술치료 (난화 기법의 예시)

난화(亂畵)를 그리는 방식은 따로 없지만 간단하게 설명을 하자면, A4용지에 큰 테두리로 네모를 만들어줘도 되고, 용지를 그대로 줘도 된다. 둘이 함께할 경우, 한사람이 멈춘 끝에서 다음 사람이 이어가는 방법으로 하면 되며, 그 다음 숨은 찾기 놀이를 하면 된다.

화나는 상황 점검 및 표출 방법 찾기

1. 나는 이럴 때 화가 나요

2. 화가 날 때 어떻게 하면 좋을까요?

02

아기 돼지 삼형제

　아기 돼지 삼 형제는 엄마 품을 떠나 독립을 하게 됩니다. 셋은 숲속 빈터에 이르러 집을 짓는데요. 게으른 첫째 돼지는 짚을 엮어 집을 금세 다 지었어요. 명랑한 둘째 돼지는 뚝딱뚝딱 나무 오두막집을 금세 지었지요. 용감한 셋째 돼지는 마을로 내려가서 벽돌을 사와 시멘트와 모래를 섞어 벽돌을 하나씩 쌓아 올려 조그마하지만 튼튼한 벽돌집을 지었어요. 배가 고픈 커다란 검은 늑대 한 마리가 숲속을 돌아다니다 아기 돼지 냄새를 맡고 군침을 흘립니다. 늑대가 '후~~' 하고 불자, 짚으로 만든 집이 훌렁 날아가 버립니다. 첫째 돼지는 재빨리 둘째 돼지 집으로 갔지만, 늑대가 '후~~' 하고 불자 둘째 아기 돼지네 집도 훌렁 날아가 버렸어요. 둘은 힘껏 뛰어 셋째 돼지에게 갔습니다. 늑대는 '후~~' 하고 불고 또 불어 보았지만 집은 꿈쩍도 하지 않았답니다.

① 아기 돼지들의 각각의 성격에 관해 이야기해 보세요.

② 나는 어떠한 아기 돼지들과 성격이 비슷한가요? 나의 어떠한 점과 비슷한가요?

③ 늑대는 어떤 인물(성격 등)인 것 같은지요? 늑대와 같은 사람을 만나본 적이 있나요?

④ 엄마를 떠난 돼지들의 심정과 엄마 돼지의 심정에 관해 이야기해 보세요.

⑤ 가족은 나에게 어떤 의미인가요? 어릴 적 나는 형제들과 어떻게 지냈나요?

⑥ '나'라면 어떠한 집을 지었을까요? 그 집에는 누구와 같이 살고 싶나요?

⑦ 늑대처럼 느껴지는 사람에 대해서 당신이라면 어떻게 (생각·행동·말) 할 수 있을까요?

⑧ 가족(주변) 중에 나와 의견이 잘 맞는 사람이 있나요? 어떤 점이 잘 맞을까요?

⑨ 반대로 가족(주변) 중에 나와 의견이 안 맞는 사람은 그 이유가 무엇일까요?

사례적용

집중하기 힘든 초등학교 4학년 남학생 이야기

초등학교 4학년 남학생입니다. 초등학교 1학년 때까지만 해도 어떠한 일을 시작할 땐 의욕이 넘쳤습니다. 그러나 끝까지 최선을 다한 적이 없습니다. 물론 성과물도 없었습니다. 최근 4학년이 되면서고 스마트폰 게임에만 집중을 하고 있습니다. 그 외의 것은 대충대충 넘기는 일상을 보내고 있습니다. 날이 갈수록 아이의 말이 거칠어지고 문을 쾅쾅 닫는 등의 난폭한 행동이 늘었습니다. 특히 하기 싫은 공부를 할 때에는 더 심합니다. 수학이나 영어 문제를 하나라도 더 풀게 하려는 어머니와 실랑이가 벌어지는 것이 일상이 되어 버렸습니다. 말대꾸도 심해지고, 아이는 어머니의 목소리뿐만 아니라 어머니의 모든 말이 잔소리처럼 들립니다. 게임 외에는 모든 것을 대충대충합니다. 놀이터에서 만나 형들하고도 게임을 하거나 나쁜 말만 배워와서 어머니는 걱정합니다.

Tip 우선 어머니가 아들의 입장에서 한번이라도 공감을 하고 대화를 시도해 본 적이 있는지가 궁금해집니다. 즉 아들이 자기만의 세계에서 어떤 집을 짓고 있는지에 대해 관심을 가질 필요가 있을 듯합니다. 부모 입장에서 걱정하기보다는 아들 입장에서의 바라보고 이해하려는 시도가 필요합니다. 아들은 게임 외에 모든 것을 대충대충하려는 마음이 마냥 즐겁지만은 아닐겁니다. 아울러 형들과 게임하고 나쁜 말만 배워온다는 어머니의 판단과 평가가 아들에게 어떤 영향을 주고 있는지 탐색해 볼 필요가 있습니다. 아들의 입장에서 진정한 공감이 먼저 이루어져야 합니다. 그러한 게 이뤄지지 않으면 학습부진과 스마트폰 사용 시간을 줄이는 것은 어려울 수 있습니다. 공감하는 연습이 부모에게도 필요합니다. 그런 다음 가족과 함께 할 수 있는 것들을 늘려가는 것도 좋은 방법일 수 있습니다.

활동지

오해 NO! 이해 YES!

1. 왜 저러지? (이해할 수 없는 행동을 적어 보세요.)

2. 그럴 수도 있지~

○ 아마 (컨디션이 좋지 않아서) 해서 (쉬고 있는 것일) 지도 몰라!

○ 아마 (   ) 해서 (   ) 지도 몰라!

○ 아마 (   ) 해서 (   ) 지도 몰라!

○ 아마 (   ) 해서 (   ) 지도 몰라!

○ 아마 (   ) 해서 (   ) 지도 몰라!

03

선녀와 나무꾼

　옛날에 착한 나무꾼이 살았다. 어느 날 나무를 하고 있는데 사슴 한 마리가 와서 사냥꾼에게 쫓기고 있다며 숨겨달라고 했다. 착한 나무꾼은 사슴을 숨겨주었고 나무꾼 덕분에 목숨을 구한 사슴은 나무꾼에게 은혜를 갚는다고 했다. 저 숲에 가면 매일 선녀가 내려 와서 목욕을 하고 있었는데 선녀들이 벗어놓은 날개옷을 숨기면 하늘로 올라가지 못하는 선녀랑 결혼하시라고 말을 했다. 아울러 한 가지 당부도 했는데 선녀가 아기 셋을 낳기 전에는 절대로 선녀 옷을 주지 말라고 했다. 아이가 세 명이면 아이들을 데리고 하늘로 가지 못한다는 거였다. 나무꾼은 선녀 옷을 훔쳐왔고 자기가 가지고 있다고 했다. 그리고는 아이 셋을 낳아주면 선녀 옷을 주겠다고 하고 마을로 돌아와 그 선녀와 결혼을 했다. 몇 년이 지난 뒤 두 명의 아이가 태어났다. 선녀가 나무꾼에게 날개옷을 한번만 입어보게 해달라고 눈물을 흘리면서 사정을 하는 거였다. 나무꾼은 선녀가 불쌍하기도 하고 아이도 둘이나 낳았고 잠깐 입어보는 건데 괜찮겠지 라고 생각하면서 날개옷을 꺼내줬다. 그랬더니 선녀는 양손에 아이 한명씩 안고 하늘로 올라가 버렸다. 나무꾼은 망연자실하여 멍하니 하늘만 바라보고 있었다.

① 선녀 또는 나무꾼은 어떤 사람일지 자유롭게 이야기해 보세요.

② 선녀와의 결혼 생활을 하는 동안 나무꾼의 마음은 어떠하였을지 이야기해 보세요.

③ 선녀는 다른 선녀에게 도움을 청할 수는 없었을지 이야기해 보세요.

④ 나무꾼이 처음부터 선녀에게 솔직하게 말했다면 결말은 어떻게 되었을까요?

⑤ 내가 작가가 되어 아이가 3명이 되었을 때 나무꾼이 선녀 옷을 주는 장면과 그 이후를 상상하여 이야기해 보세요.

사례적용

마음이 여린 초등학교 3학년

초등학교 3학년인 길순이는 학교생활이 원만한 편입니다. 그러나 학교에서 하교한 후 집에 오면 친구들한테 상처받아서 속상해하곤 합니다. 한두 번이면 그럴 수도 있으려니 생각했는데 매일 "친구가 놀려요"라며 친구가 무심코 내뱉은 말에 상처가 되었다고 울곤 합니다. 길순이는 이렇게 마음이 여리다 보니 상처를 자주 받습니다.

Tip 몸이 건강하려면 운동을 열심히 해서 신체 근육들이 단단해져야 하듯이 인간관계에서도 마음의 근육을 잘 관리해야 합니다. 상처를 안 받기 위해서가 아니라 덜 받기 위한 과정으로 단련해 나가야 합니다. 사람들한테 상처를 받으면 힘들 때도 있고 내가 다른 사람들한테 상처를 줄 수 있다는 점을 누군가는 이야기해줄 필요가 있습니다. 그보다 받은 상처를 빨리 회복하는 것이 무엇보다 중요하다는 것을 인지시켜줄 필요가 있습니다. 아울러 집에 와서까지 마음이 속상한 날들이 많은데도 학교생활을 원만하게 하려는 게 과연 좋은 것일지 의문입니다. 자신에게 좀더 솔직한 감정을 표현하는 방법을 알려주는 것도 필요해 보입니다.

활동지

어렸을 때의 나

1. 내가 어렸을 때를 잠시 회상하는 시간을 가져봅시다. 나의 주변 사람들은 나를 어떻게 생각하고 느끼셨는지 아래의 문장을 통해 완성하여 봅시다.

   - 나의 어머니는 나를(에게)

   - 나의 아버지는 나를(에게)

   - 나의 할머니/할아버지는 나를(에게)

   - 나의 형제 중 (   )는 나를(에게)

   - 우리 친구(   ) 나를(에게)

   - (   )선생님은 나를(에게)

04 개미와 베짱이

　어느 무더운 여름날이었어요. 게으름뱅이 베짱이는 잠을 자고 개미는 열심히 일했어요. 비가 오는 날에도, 가을이 되어 바람이 불 때도 개미는 열심히 일했으나 베짱이는 노래 부르며 놀았고 일하는 개미를 놀렸어요. 하얀 눈이 펑펑 내리는 겨울이 오자, 놀기만 하던 게으름뱅이 베짱이는 춥고 배가 너무 고파서 배를 잡고 덜덜 떨면서 눈길을 걸어 다녔어요. 어느 순간 베짱이는 개미네 집으로 갔어요. 개미네 집 굴뚝에는 연기가 모락모락 나오고 행복한 웃음소리가 들렸어요. 베짱이는 개미네 집 문을 두드리며 말했어요. "개미님 문 좀 열어주세요. 너무 춥고 배가 고파요." 개미들은 문을 열면서 말했어요. "베짱이님 추운데 어서 들어오세요." 게으름뱅이 베짱이는 개미들을 놀리며 놀기만 한 것을 후회하며 눈물을 흘렸어요.

① 주위에 베짱이와 같은 친구가 있다면 나는 어떤 행동을 할 것인가 이야기해 보세요.

② 주위에 개미와 같은 친구가 있다면 나는 어떤 행동을 할 것인가 이야기해 보세요.

③ 친구들의 도움으로 어려운 순간에 위기를 극복한 경험에 관해 이야기해 보세요.

④ 다른 사람이 힘들 때 도와주는 삶에 대해 각자의 생각을 자유롭게 표현해 보세요.

⑤ 나의 삶은 개미와 베짱이 중 어느 쪽에 가까울까요? 그 이유는 무엇일까요?

⑥ 개미로 사는 방법과 베짱이로 사는 방법에 대해서 서로의 의견을 나누어 보세요.

> 사례
> 적용

일 중독 남편

결혼 5년 차입니다. 남편은 일하러 회사에 가면 귀가할 줄을 모릅니다. 일에 파묻혀 아예 집안일은 신경도 쓰지 않습니다. 회사에서는 인정을 받아 승진도 빠르고 돈도 많이 벌어서 경제적으로는 안정해졌습니다. 하지만 남편이 집안일이나 육아에 전혀 신경을 쓰지 않기에 정서적으로는 점점 멀어졌습니다. 잠들 때 오고 새벽에 나가고 부부관계도 거의 하지 않고 이게 결혼 생활인가 하는 자괴감이 듭니다. 이혼을 고민하고 있습니다.

Tip 먼저 부부상담을 권해 드립니다. 일중독을 '과잉 적응 증후군'이라고도 합니다. 과하게 의존을 하는 것이 중독인데 기질적으로 중독에 취약한 기질과 성격이 있습니다. 상담을 통해 남편의 기질과 성격에 대한 이해가 필요합니다. 아울러 외로움이나 고통을 피하고 회피하기 위한 방편일 가능성에 대해서도 생각해보아야 합니다. 남편의 입장에서 공감하고 이해하는 마음으로 대화를 나누시기를 권합니다.

활동지

나의 감정 조절하기

1. 부정적 감정 다루기의 과정

　누구든지 화가 나거나, 두려워하거나, 좌절감에 빠지거나 다른 사람을 미워하며 시기하고 질투하는 마음이 들 수 있다. 그러나 그러한 감정을 잘 처리하느냐, 아니면 파괴적으로 처리하느냐 하는 것은 우리의 마음가짐과 그러한 감정을 다루는 방법에 따라 결정된다. 부정적 감정을 잘 다루는 방법을 아는 것은 우리가 하는 모든 일의 능률을 높이고, 다른 사람과의 관계를 증진시키는 성숙한 인간이 되는 길이 된다.

2. 활동 요령

① 나의 감정 알아차리기
- 표정, 빠른 호흡, 떨림, 거친 숨소리 등으로 나의 감정 상태를 파악한다.

② 나의 감정을 차분히 들여다보고 인정해 주기: "그래, 난 지금 몹시 화가 나."

③ 기분을 전환할 수 있는 일 찾기: 음악 감상, 노래 부르기, 걷기, (감사) 일기 쓰기 등

④ 부정적 감정이 일어나게 된 이유 생각하기: 가능하면 나에 대해, 상대방에 대해, 일어난 일에 대하여 긍정적으로 생각한다.

⑤ 더 나은 문제 해결책을 찾아 행하기

3. 아래 내용을 잘 읽고 자신의 경우를 솔직하게 적어 봅시다.

1	나의 감정 알아차리기	
	자신의 경우 화날 때 어떻게 행동하나요?	
2	나의 감정을 차분히 들여다보고 인정해 주기	
	자신의 부정적 감정을 나타내주는 표현을 적어 봅시다.	
3	기분을 전환할 수 있는 일 찾기	
	부정적 감정이 생길 때 내가 즐겨 할 수 있는 일은?	
4	부정적 감정이 일어나게 된 이유 생각하기	
	안 좋게 느끼게 된 상황과 그 이유가 무엇인지 곰곰이 생각해 봅시다.	
5	더 나은 문제 해결책을 찾아 행하기	
	합리적이고 현실인 생각을 바탕으로 두어 대안을 찾아봅시다.	

05

심청전

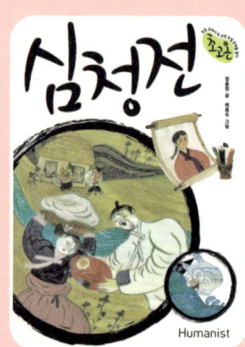

　심청은 어려서 어머니를 여의고, 눈먼 아버지 심 봉사 밑에서 자란다. 어릴 때부터 효성이 지극한 심청은 공양미 삼백 석을 시주하면 아버지가 눈을 뜰 수 있다는 이야기를 듣고, 남경 상인에게 공양미 삼백 석을 받고 자신의 몸을 팔아 인당수에 몸을 던진다. 물에 빠진 심청은 용궁에서 전생의 일과 앞으로의 운명을 전해 듣고 어머니를 만난 뒤 연꽃에 둘러싸인 채 인당수 수면 위로 떠 오른다. 이때 남경 상인들이 돌아오다가 인당수에 떠 있는 연꽃을 발견하고 이를 왕에게 바치고 왕은 연꽃에서 나온 심청을 왕비로 맞아들인다. 심청은 아버지를 찾기 위해 왕에게 소경 잔치를 열어달라고 청한다. 소경 잔치에서 심청과 심 봉사가 만나고 딸을 만난 기쁨에 심 봉사는 두 눈을 번쩍 뜬다.

① 독립적이지 못한 자녀들의 부모 의존에 대한 생각을 자유롭게 이야기해 보세요.

② 심 봉사는 공양미 삼백 석을 약속했는데, 그 당시 어떻게 이를 해결할 심산이고 어떤 심정이었을까요?

③ 심 봉사와 심청이의 성격에 대해 각자의 생각을 표현해 보세요.

④ 가족 간 누구를 위해서 희생해 본 적이 있나요? 그때의 심정에 관해서 이야기해 보세요.

⑤ 효와 희생의 차이에 대해서 서로 이야기해 보세요.

⑥ 자녀가 부모를 위해 희생하는 삶을 부모 처지에서는 어떻게 생각할까요?

⑦ 부모의 바람과 자신의 바람에 차이가 크다면 어떻게 살아갈 것인가?

⑧ 오늘날 시대에 심 봉사, 심청이 입장에 선다면 어떤 결정을 내렸을까요?

⑨ 각자가 생각하는 바람직하고 적절한 가족관계에 관해서 이야기해 보세요.

너무 일찍 자라버린 딸의 마음

　7세 딸아이를 키우는 맘입니다. 딸은 너무 여리고 착해서 부모를 속상하게 하지 않고 부모의 뜻대로만 행동합니다. 그런 딸아이를 보며 기특하기도 하나 한편으로는 마음이 아픕니다. 다른 아이들처럼 어리광도 부리고 떼도 쓰고 짜증도 내고 그랬으면 좋겠는데 한 번도 그렇게 해본 적이 없습니다. 너무 일찍 자라버린 딸아이의 마음을 보면서 성숙한 어른의 모습에 걱정이 됩니다.

Tip 우선 딸아이의 기질과 성향을 먼저 파악하는 것이 중요해 보입니다. 그리고 착한아이로서 주변의 인정을 받고 싶은 것인지, 불안한 것인지, 눈치를 보는 것인지, 본인의 판단기준이 없거나 주도적이지 못한 성향인지에 대해 점검해 보는 게 좋습니다. 딸아이 스스로 본인의 모습을 찾아갈 수 있도록 편안하고 자율적인 환경과 수용적인 지지와 격려가 필요합니다.

활동지

마음의 거리가 먼 사람, 가까운 사람

1. 마음의 거리가 가까운 사람과 먼 사람에 대해 나는 어떤 생각을 하고 있나요?

	마음의 거리가 먼 사람	마음의 거리가 가까운 사람
그 사람이 말할 때 나의 태도는 어떠한가?		
그 사람의 입장을 나는 얼마나 생각해 주는가?		
그 사람에게 섭섭한 마음이 들 때 나는 어떻게 하는가?		
그 사람이 낙심하고 힘들 때 나의 태도는?		
그 사람의 강점과 장점에 대해 얼마나 알고 있는가?		

2. 자신이 보았을 때, 행복하게 살고 있다고 생각되는 세 사람을 적어보세요.

누구	이유는?
1.	
2.	
3.	

06

콩쥐팥쥐

　콩쥐의 어머니가 죽자, 계모가 자신이 낳은 딸 팥쥐를 데리고 콩쥐의 집으로 들어온다. 계모는 콩쥐에게 갖은 구박을 하며 일을 시킨다. 하루는 계모가 콩쥐에게는 나무 호미를, 팥쥐에게는 쇠 호미를 주며 넓은 밭을 매라 한다. 팥쥐는 일찌감치 밭매기를 끝내고 집으로 갔으나 콩쥐는 부러진 호미 때문에 울고 있었다. 그때 하늘에서 검은 소 한 마리가 내려와 쇠 호미를 마련해 주고 밭을 대신 매준다. 어느 날 계모가 팥쥐만 데리고 외가 잔치에 가면서 콩쥐에게는 밑 빠진 독에 물 길어 붓기, 벼 찧기, 삼 삼기, 베 짜기를 마친 후에 따라오라고 한다. 콩쥐가 울고 있으니 두꺼비가 나타나 독의 구멍을 막아 주고, 새들이 날아와 벼를 찧어 주고, 검은 소가 삼을 삼아 주며, 선녀가 내려와 베를 대신 짜 주고 잔치에 입고 갈 옷과 신발을 준다. 그런데 콩쥐는 잔치에 가다 신발 한 짝을 잃어버린다. 신발을 발견한 원님이 콩쥐에게 돌려주면서 결국 콩쥐와 혼인한다. 그러자 질투가 난 팥쥐가 콩쥐를 유인하여 연못에 빠뜨려

죽이고는 자신이 콩쥐인 양 행세한다. 꽃으로 환생한 콩쥐가 팥쥐를 괴롭히자 팥쥐는 꽃을 아궁이에 넣어 불태운다. 마침 불을 얻으러 온 이웃집 할머니가 부엌에서 구슬을 발견하고 가져간다. 구슬은 다시 콩쥐로 변신하여 자신을 알아보지 못한 원님을 깨우쳐 준다. 원님은 콩쥐의 시신을 찾아 살려내고 팥쥐를 죽여 계모에게 보낸다. 팥쥐의 시신을 본 계모는 놀라서 죽는다.

① 부모에게 콩쥐는 어떤 자녀일까요? 콩쥐에게는 부모는 어떤 부모일까요?
　(부모에게 나는 어떤 자녀일까요? 나에게 부모는 어떤 부모일까요?)

② 콩쥐는 새어머니가 시킨 일을 모두 해결하였다. '나'라면 어떠했을까요?

③ 콩쥐에게는 팥쥐는 어떤 존재일까요? 그 이유는 무엇일까요?

④ 콩쥐 팥쥐 이야기를 통해 행복한 가정에 대해 자유롭게 표현해 보세요.

⑤ 현재 자신에게 주어진 일은 무엇인지, 어떻게 진행하고 있는지 이야기해 보세요.

사례
적용

항상 이기고 싶어하며 자기중심적인 아이

활달하고 에너지 넘쳐 나는 초등학교 5학년 남학생입니다. 학습은 항상 1등을 놓친 적이 없습니다. 아울러 친구들과 놀이를 할 때 자기 위주로 놀이를 주도하고 다른 사람의 의견을 무시하는 경향이 있습니다. 장난감도 제일 좋은 것은 자기가 가지고 놀아야 하고 게임 할 때도 부정의 방법을 구사해서라도 무조건 이겨야 합니다. 부모는 아들이 자기중심적이라 친구들이 놀아주지 않을까 봐 걱정됩니다.

Tip 먼저 이 아이의 기질적 특성을 잘 파악하는 것이 중요합니다. 1등을 해야 편안한 아이도 있습니다. 그렇지만 제대로 잘 성숙할 수 있는 묘법을 이야기해주는 것이 필요합니다. 게임에서 1등이지만 반칙을 썼기 때문에 규칙을 지키는 부분은 꼴찌라는 부분을 이야기해 줄 필요가 있습니다. 성적은 1등이지만 친구들 관계에서는 욕심에 사로잡힌 문제 부분을 일깨워 주어야 합니다.

활동지

나의 소중한 것을 먼저 하자

1. 내가 하고. 있는 일을 4가지로 나누어 봅시다.

하고 싶으면서 해야 할 일	하고 싶지 않은 데 해야 할 일
하고 싶은데 하지 말아야 할 일	하고 싶지도, 해서도 안되는 일

2. 나는 일상에서 어느 영역에 시간을 많이 쓰고 있나요?

3. (자기만족) 만족스러운 날을 보내려면 어느 영역에 시간을 많이 써야 할까요?

4. 주어진 시간이 한정되어 있다고 가정해 봅시다. 어느 영역을 줄이고 어느 영역을 늘리고 싶은가요? 또는 그렇게 하고 싶지 않다면 그 이유는 무엇인가요?

07 신데렐라

　신데렐라는 어렸을 때 어머니를 잃었다. 아버지는 새어머니를 맞이했다. 새어머니는 데리고 들어 온 두 딸만 챙겼다. 아버지까지 죽자, 신데렐라는 더욱 강하게 구박을 받았다. 어느 날 궁전에서 초대장이 왔다. 새어머니는 신데렐라에게 집안일을 시켜놓고 두 딸만 데리고 연회장으로 갔다. 신데렐라는 서글퍼서 울고 있는데 갑자기 요정이 나타났다. 요정이 집안일을 도와주고 마차와 마부, 드레스까지 입혀주었고 12시까지 들어오라고 했다. 왕자와 춤을 추었고, 12시가 되자 급히 나오다가 신발 한 짝을 잃어버렸다. 왕자는 신발 주인을 찾으러 다니다가 신데렐라를 찾아 결혼하게 되었다. 신데렐라는 새어머니와 두 딸을 용서하고 자신의 죄를 뉘우치고 잘 살았다.

전래동요

　신데렐라는 어려서 부모님을 잃고요. 계모와 언니들에게 구박(놀림)을 받았더래요. 샤바 샤바 아이샤바 불쌍한 신데렐라 (얼마나 울었을까) 샤바 샤바 아이샤바 왕자님은 어디 있을까? (일천구백구십 몇년도~)

① 순간 떠오르고 생각나는 장면과 느낌을 자유롭게 표현해 보세요.

② 등장인물의 성격에 대해 자유롭게 이야기해 보세요.

③ 요정이 도와주지 않았다면 신데렐라는 어떻게 되었을지 이야기해 보세요.

④ 요술처럼 멋지고 놀라운 일을 경험해 본 적이 있는지요?
 (터닝 포인트·전환점의 경험도 좋습니다.)

사례 적용

착한아이 콤플렉스

20대 대학생입니다. 어려서부터 부모님, 선생님, 친구들로부터 "착하다"라는 말을 듣고 자랐습니다. 늘 다른 사람의 부탁을 거절하지 못하고 양보하고 다른 사람의 마음과 욕구를 먼저 살피는 등 눈치 보는 것을 우선시합니다. 다른 사람에게 늘 초점을 맞추다 보니 의사 표현에 서툴고 늘 좋은 말만 하려고 합니다. 그런데 문득 성인이 되어 생각해 보니 나에게 나는 없는 듯하여 마음이 우울합니다. 나를 찾고자 합니다. 방법이 없을까요?

Tip 이렇듯 착한아이로 자란 아이들은 착한 어른이 되기 위해 힘씁니다. 다른 사람에게 인정받고 사랑받기 위해 자신의 욕구를 억제하고 희생은 당연한 것으로 여깁니다. 표현되지 못하고 억압되는 과정에서 우울 또는 불안, 낮은 자아존중감이 나타날 수 있습니다. 먼저 자신의 감정을 솔직히 들여다보고 표현할 수 있도록 연습이 필요합니다. 가장 중요한 것은 가장 먼저 자신을 챙기는 것임을 명심해야 합니다. 즉 자신이 무엇을 했을 때 기뻤는지, 어떤 음식을 좋아하는지, 현재 무엇을 하고 싶어 하는지 등에 대해서 탐색하고 또 탐색해야 합니다. 나를 지킬 수 있는 자아존중감과 타인을 이해할 수 있는 마음으로 성장하여 나 자신을 찾아가기를 바랍니다.

활동지

나에게 일어난 변화

1. 최근에 나에게 일어난 작은 변화를 꼽는다면 무엇이 있을까요?

-
-
-
-
-

2. 그 변화들로 인하여 달라진 점이 있다면 무엇인가요?

08

토끼의 재판

옛날에 한 나그네가 산길을 가고 있었다. 그런데 깊은 구덩이에 호랑이가 빠져 살려 달라 애원을 하였다. 호랑이는 나그네에게 살려만 주면 반드시 은혜를 갚겠다고 약속도 하였다. 그러나 구덩이에서 나온 호랑이는 구덩이를 만든 건 바로 사람이라며 나그네를 잡아먹겠다고 했다. 호랑이에게 잡아먹힐 위기에 처한 나그네는 분하고 억울하여 누가 옳은지 재판을 받자고 의견을 개진했다. 인간을 미워한 소나무와 황소는 호랑이 편을 들었지만, 지혜로운 토끼는 처음부터 호랑이가 어떻게 구덩이에 빠졌는지 직접 보여 달라고 했다. 호랑이는 상황을 설명하기 위해 다시 구덩이 안으로 들어가고 재판은 끝이 난다. '은혜를 원수로 갚는 호랑이'는 다시 구덩이에 갇히게 되고, 나그네는 갈 길을 가고, 토끼는 바위 위에서 낮잠을 잔다.

① 등장인물의 성격에 관해 이야기해 보세요.

② 감정과 이성 중 당신은 어느 쪽 유형인가요? 왜 그렇게 생각하나요?

③ 주변에 이성(감정)적인 사람이 있나요? 왜 그 사람을 이성(감정)적이라 생각했나요?

④ '토끼의 재판'처럼 내가 재판을 하였다면 재판을 어떻게 진행했을까요?

⑤ 언행일치가 되지 않는 사람을 보았을 때 어떠한 느낌이 드나요?

⑥ 그림책 속에 바꾸고 싶은 부분이 있습니까? 만약 그렇다면 어떻게 바꾸고 싶습니까?

사례 적용

휴대폰과 생활하는
중학교 2학년 홍길동(역지사지)

길동이는 중학교 2학년입니다. 길동이는 학교 수업을 마치고 집에 오면 유튜브 시청과 폰 게임으로 시간을 보내고 있습니다. 중간고사 시험이 얼마 남지 않았는데 공부가 손에 잡히지 않고 휴대폰 게임만 눈에 아른거립니다. 중간고사 기간에는 휴대폰을 사용하지 않기로 부모님과 약속했는데 부모님 몰래 계속해서 사용하고 있습니다. 중간고사 시험 준비를 위해 친구들과 독서실에 간다고 부모님께 말씀드리고 독서실에 가서 친구들이랑 휴대폰을 가지고 신나게 놀고 있었습니다. 그러던 중 부모님이 독서실에 오셨을 때 딱 걸리고 말았습니다. 부모님은 화를 내며 휴대폰을 압수한다고 말하며 Wi-Fi도 없애버리겠다고 말씀하셨습니다. 친구들 부모님은 휴대폰을 즐겨 사용한다고 해서 그렇게까지 말씀 안한다고 투덜댑니다. 그래도 부모님은 휴대폰을 가지고 오라고 뜻을 굽히지 않았습니다. 만약 당신이 이런 입장이라면 어떻게 행동하겠습니까?

활동지

자기만족 테스트

평소에 나는 얼마나 자기만족을 하면서 살아가는지 생각해 본 적 있나요?
아래 테스트를 통해 나의 점수를 파악해봐요! (A-10점. B-6점. C-3점)

평소 내 방 청소는 어떤가요? A 혼자서 할 수 있는 건 다 하는 편이다 B 책상만 한다 C 거의 안 한다	**학교에 지각한 적이 있나요?** A 한 번도 없다 B 가끔 한다 C 자주 지각한다	**달리기를 하다 넘어졌다!** A 다시 일어나 달린다 B 적당히 달린다 C 그 자리에서 운다
	완성된 만들기를 떨어뜨려서 망가졌다면? A 망가진 부분부터 다시 만든다 B 단순한 모양으로 바꿔 만든다 C 대충 마무리한다	
일찍 일어나겠다고 다짐한 다음 날은 어떠했나요? A 스스로 일어난다 B 부모님이 깨워 준다 C 늦잠 잔다	**다른 사람이 나에게 틀렸다고 한다면요?** A 원인을 찾아 해결하려 한다 B 다음부터 잘한다 C 그냥 무시한다	**숙제하는 시간은 언제쯤일까요?** A 집에 와서 바로 한다 B 잠들기 전에 한다 C 다음날 학교에서 한다
문제집에 모르는 문제가 나오면? A 스스로 풀어 보려 노력한다 B 선생님께 여쭤본다 C 답안지 본다	**대청소 날, 청소도구를 안 가지고 왔다면요?** A 휴지통 비우기 등 할 일을 찾아 한다 B 친구에게 청소도구를 빌린다 C 어슬렁거리며 대충 시간을 보낸다	**친구 잘못으로 다투게 된다면요?** A 먼저 내밀어 화해한다 B 시간이 지난 후 자연스러울 때 화해한다 C 사과를 해오기를 기다린다

- 100~90점 "자기만족의 달인":
  언제나 열심히 최선을 다하고 있군요! 지금 그 자세 그대로 목표를 향해 열심히 한다면 자신이 되고자 하는 꿈을 이루는 멋진 사람이 될 수 있다. 단, 건강을 해칠 정도는 안 된다. 자신만의 휴식시간도 꼭 필요하다.

- 89~80점 "최선의 달인까지 조금만 더":
  최선을 다하는 편이지만 어느 정도까지 만족하는 편이다. 조금만 너 노력한다면 자신이 더 만족한 결과를 얻을 수 있다.

- 79~70점 "절반 성공":
  한 발자국만 더 앞으로 내딛는 용기가 필요하다. 테스트에서 A의 답을 늘 기억하며 내 꿈과 열정을 떠올리면, 시도하려는 의지가 생기게 될 것이다.

- 69~60점 "그때그때 달라요":
  할 때는 열심히 하지만 관심 없는 분야에는 집중 하지 않는 모습을 보이기도 한다. 그러나 나의 관심 여부에 따라 영향을 받지 않고 모든 일에 노력과 열정이 있어야 꿈에 다가갈 수 있다는 것을 꼭 염두에 두기 바란다.

- 59~50점 "적당히 대충대충!":
  적당히, 대충대충 하는 것이 몸에 배어 있을지도 모른다. 한 가지씩이라도 시도하다 보면 성실한 생활이 습관을 기를 수 있다.

- 49~30점 "노력이 절실하게 필요해요!":
  의지가 약한 편이다. 당장 다 잘하기 보다는 테스트 B를 목표로 차근차근 노력해보면 좋을 듯하다.

09

반쪽이

    옛날에 아이가 없는 부부가 자식을 낳게 해 달라고 지극정성 기도를 드렸다. 어느 날, 꿈에 "잉어 세 마리를 먹으면 아들을 낳을 거다"라고 하여 커다란 잉어 2마리를 먹고 마지막 한 마리를 먹으려는 찰나 난데없이 고양이가 나타나 잉어 반쪽을 먹어버렸다. 할 수 없이 잉어 두 마리 반을 먹었고, 열 달이 지나 세 쌍둥이를 낳았다. 두 명의 아이는 멀쩡하게, 막내인 아이는 눈도 하나, 귀도 하나, 팔다리도 하나씩인 생김새가 모두 반쪽이라 '반쪽이'라 불렸다. 그러나 '반쪽이'는 힘도 세고, 머리도 똑똑한 아이로 자랐다. 세월이 흘러 첫째와 둘째가 과거 시험을 보러 가는데 '반쪽이'가 따라나서자 형들은 창피하다며 '반쪽이'를 나무에 묶어 놓고 길을 떠났다. '반쪽이'가 힘을 주니 나무가 쑤욱 빠졌다. 어느새 형들을 바짝 따라갔다. 형들은 '반쪽이'를 밧줄로 꽁꽁 묶어 깊은 산속에 던져 놓았다. '반쪽이'가 힘을 주니 밧줄이 툭툭 다 끊어졌다. 바로 그때 호랑이들이 나타나서 '반쪽이'에게 달려들었으나 힘센 반쪽이를 이

길 수가 없었다. 이렇게 호랑이를 잔뜩 잡은 '반쪽이'는 호랑이 가죽을 짊어지고 길을 걷는데 지나가던 부잣집 영감이 호랑이 가죽이 탐나 내기를 제안한다. 장기를 두어 영감이 이기면 호랑이 가죽을 갖고 반쪽이가 이기면 딸과 혼인시켜 주겠다고 했다. 번뜩이의 지혜로 내기에서 이긴 반쪽이는 결국 부잣집 사위가 되어 행복하게 잘 살았다.

① 반쪽이의 성격은 어떠한가요? 그 이유는?

② 반쪽이의 고군분투 성장기를 보고 나의 성장기를 이야기해 보세요.

③ 고난과 시련을 통해 내가 이뤄낸 것에 관해 이야기해 보세요.

④ 희망을 잃지 않고 용감하게 세상과 맞서고 있다면 자신(주변인)에게 무엇을 해 주고 싶나요? (말이나 행동, 감정 등)

⑤ 나의 반쪽을 만날 예정이거나 만났다면 나의 반쪽이에게 무슨 말이 하고 싶을까요?

⑥ '반쪽이'처럼 나에게도 특별한 능력이 있다면 같이 이야기해 보세요.

사례 적용

지체장애 2급 진단을 받은 고등학교 2학년 철수

철수는 고등학교 2학년입니다. 2학기 시골에서 도시로 전학을 오게 되었습니다. 철수는 어릴 때 앓은 열병 때문에 지체 장애 2급이라는 진단을 받게 되었습니다. 철수는 팔을 사용하는 것이 조금은 부자연스럽고 걸음걸이도 절름발이처럼 어색합니다. 대체로 학교 등원을 어머니와 함께하는데 때로는 혼자서도 등원합니다. 어느 날 철수가 어머니 없이 혼자 등원할 때였습니다. 교문 앞에서 가방을 메고 가는 것을 보고 친구들이 와서 가방을 들어주었습니다. 철수는 한사코 괜찮다고 했지만, 친구들이 자신의 의견을 들어주지 않았습니다. 수업시간이나 화장실을 갈 때도 혼자 할 수 있는데 친구들은 노트필기를 대신 해주거나 점심을 먹을 때 식판을 대신 들어주기도 했습니다. 철수는 그런 부분이 상당히 불편했습니다.

Tip 도와주는 것에 대해 생각을 해 보는 시간을 가져봅시다. 우리는 흔히 도와주고 싶고 그것이 그렇게 큰 어려움이 아니면 선뜻 도와줍니다. 예를 들면 길거리에 할머니의 봇짐을 들어드리기도 합니다. 때로는 그들이 도움을 청할 때도 있습니다. 그러나 대체로 그들은 도움을 청하지 않습니다. 도움을 주는 사람은 자신의 판단으로 행동에 옮기게 됩니다. 그러나 도움을 받는 사람 처지에서 '정말 그 도움이 필요했을까? 아니면 그 사람도 도와주기를 기다리고 있었을까?'에 대해 한 번 더 생각해 보았으면 합니다. 행동으로 옮기기 전에 한 번쯤은 "내가 이렇게 해 줘도 괜찮겠니?" 아니면 "내가 너에게 도움이 되고 싶은데 혹시 어떤 도움이 필요할까?"라고 물어봐 주면 서로가 존중받는 느낌을 받을 수 있을 것 같습니다.

활동지

편견과 차별의 벽을 넘어

1. 자신이 경험하거나 생각하는 그 어떤 내용이 편견과 차별적 행동인가요?

-
-
-
-
-
-

2. 편견과 차별적 행동을 스스로가 생각하는 정의로 바꿔봅시다.

-
-
-
-
-
-

10

바보온달과 평강공주

　고구려 평강왕 때에 이름을 온달이라고 하는 마음 착한 사람이 있었습니다. 온달은 겉모습은 어리숙하고 모자란 바보였으나, 속마음은 밝아 어머니를 봉양하며 살고 있었습니다. 그때 평강왕의 딸인 평강공주는 어려서 몹시 울어 왕은 "자꾸 울면 온달에게 시집보내겠다"라는 이야기를 자주 했습니다.
　시집갈 나이가 되어 왕이 귀족에게 공주를 시집보내려 하자 왕의 평소 말대로 온달에게 시집을 가겠다고 고집합니다. 왕은 화가 나 공주를 궁궐에서 내쫓고 공주는 온달과 결혼을 하여 무예와 학문을 닦게 됩니다. 그리고 왕이 매년 개최하는 사냥대회에서 온달은 두각을 나타내어 왕에게 이야기가 들어가게 되고, 듬직한 사위로 인정을 받게 됩니다. 이후 온달은 고구려의 장수로 선봉에서 나라를 지키고, 적을 무찌르게 됩니다.

① 평강공주와 바보온달은 어떤 사람인지 자유롭게 이야기해 보세요.

② 왕은 공주가 온달에게 시집을 가겠다고 했을 때 어떤 마음이었을지 부모의 입장과 자녀의처지에서 각자의 생각을 나눠 보세요.

③ 평강공주와 바보온달에게 하고 싶은 말을 자유롭게 이야기해 보세요.

④ 평강공주의 어떤 마음가짐으로 인해 온달이 성장하고 발전할 수 있었는지에 관해 이야기해 보세요.

⑤ 나의 과거와 현재·미래의 성장과 계획에 대해 각자의 생각을 자유롭게 나눠 보세요.

⑥ 평강공주와 온달은 서로에게 어떤 존재의 의미를 지니고 있는지 탐색한 부분에 대하여 이야기해 보세요.

⑦ 자신의 삶에서 터닝 포인트(전환점)가 될 수 있었던 일이나 사건 또는 인물에 대해서 이야기해 보세요.

사례
적용

발달이 느린 30개월인 아이

　특별한 질환은 없는데 또래 아이들과 비교해 조금 늦게 말하고, 조금 늦게 걷고, 조금 늦게 기저귀를 떼었습니다. 또래 아이들과 비교해 조금씩 늦는 아이 괜찮을까요?

Tip 아이들에 따라 기질과 성향이 다르기에 발달에 있어 조금씩 차이가 있을 수 있습니다. 하지만 아이들의 발달단계별 특성을 정확히 알고 그 시기를 놓치지 않아야 합니다. 늦는다고 생각한다면 적극적인 개입이 필요합니다. 그러나 발달상 문제가 없다면 조급해하지 않고 기다려주는 부모의 태도가 필요합니다.

활동지

아름다운 나

태어나서 지금까지 이 자리에 오기까지 지나온 순간순간마다 크고 작은 일들을 겪으면서 일상생활 속에서 만났던 사람들을 생각하면서 나의 모습을 글이나 그림으로 표현해보세요.

1. 내가 가장 기뻤던 일이나 순간은?

2. 나의 가장 소중한 것

　　①

　　②

3. 나의 희망

①

②

4. 내가 가장 자랑할 만한 것

①

②

5. 내가 가장 슬펐던 일은?

6. 자신을 사랑하는 방법으로 무엇을 자신에게 해 주었는가? 없었다면 무엇을 해 주고 싶은가?

   ①

   ②

11

홍길동전

홍길동 아버지는 홍판서로 홍길동은 '춘섬'이라는 시비의 서자로 태어난다. 당시 홍길동은 무예도 출중하여 큰 인물이 될 기상을 가졌지만 서자 출신의 신분이었기에 '아버지'를 '아버지'라 부르지 못하고 '형'을 '형'이라 부르지 못하는 상황이다. 이처럼 비범한 홍길동이 훗날 화근이 될 것을 염려해 다른 가족들이 자객을 시켜 죽이려 하지만 실패한다. 가족에게도 외면받게 된 홍길동은 그 길로 집을 떠난다. 그 후 지혜와 술법을 써서 도적 떼를 이끌고 조선 팔도를 다니며 못된 벼슬아치들이 힘없는 백성에게 빼앗은 재물을 훔쳐 돌려주고, 가난한 백성을 돕는 활빈당을 만들어 활동한다. 임금은 홍길동의 이런 재주에 결국 홍길동 아버지와 형을 통해 벼슬을 내리겠다고 회유한다. 홍길동은 천민 신분을 사면해준 왕에게 감사하며 고국을 떠나 율도국의 왕이 된다.

① 홍길동(홍판서)의 성격에 대하여 각자가 보는 대로 이야기해 보세요.

② 홍길동전을 읽고 전체적인 느낌을 나눠 보세요.

③ 지금의 시대로 '홍길동전'을 설명한다면 어떤 관점에서 볼 수 있는지 이야기해 보세요.

④ '호부호형(呼父呼兄·아버지라 부르고 형이라 부름)'하는 게 거절되었을 때 길동이의 감정은 어떠했을까요? 만약 길동이가 '나'라면 그런 상황을 어떻게 극복할 수 있었을까요?

⑤ 양반들의 재물을 훔쳐 가난한 백성에게 나눠 준 홍길동의 행동에 대해서 각자의 관점을 서로 이야기 나눠 보세요.

⑥ 율도국의 왕이 된 홍길동을 생각하며, 자신이 길동이라면 어떤 말을 듣고 싶을까요?

사례 적용

진로를 결정하지 못하고 우울해하는 중학교 3학년 여학생 영희

    영희의 어머니는 7살 때 지금의 아버지와 재혼하였습니다. 재혼할 당시에 아버지에게는 아들이 있었습니다. 아버지는 친어머니와의 사이에서 세 명의 자녀를 뒀고, 영희는 그 중 한 명으로 막내였습니다. 위로 두 언니는 결혼하면서 출가하였습니다. 아버지와 이복형제들의 나이 차이로 인해 영희는 이복 오빠와 어울리지도 못하고 자기 존재감도 없었습니다. 아버지가 보기에 영희는 종일 핸드폰만 보고 있고 마음에 들지 않는 딸이었습니다. 어머니는 가난하게 자라서 많은 돈을 버는 것이 인생 목표였습니다. 그래서 주중은 공장에서 일하고 주말에는 아버지를 도와 농사일을 거듭니다. 조용하고 소극적인 영희는 친구 관계에서도 어려움이 있었고, 우울함과 무기력을 자주 호소했습니다. 단짝인 남자친구가 있는데도 만나는 시간이 짧아지면 영희는 외로움과 배신감을 느낍니다. 영희는 세상에 혼자 있는 듯한 느낌을 지니곤 합니다. 고등학교에 진학하는 등 향후 진로를 결정해야 하는데도 우울감이 심해 어떤 의욕도 없다고 하소연합니다.

Tip 영희의 진로에 대해 바로 탐색하기 전에 영희의 심리적 상태를 점검하는 게 우선으로 보입니다. 부모님과의 관계, 형제들 간의 관계 속에서 자신의 감정 등을 탐색하고 아울러 남자친구에게 느껴지는 배신감으로 인한 외로움과 무기력, 우울감을 어느 정도 해소한 다음 향후 진로를 탐색해 보는 게 좋겠습니다.

활동지

감정을 아는 능력 기르기

1. **자신의 감정을 알아차리는 연습하기 :**

부정적 감정이 생길 때 자신의 몸에 일어나는 신체적인 변화 알아보기
화가 났을 때, 두려울 때, 실망하게 될 때, 욕을 들었을 때 주로 어떤 신체적, 정서적 반응이 일어납니까? 그 상황에서의 반응을 시각적으로 표현하거나 문장으로 나타내 봅시다. (자신의 표정을 그리거나 글로 표현해 보세요.)

화가 났을 때	
두려울 때	
불안이 엄습해올 때	
실망하게 될 때	
욕을 들었을 때	

2. **느낌 나누기**

3. **받아드리기 : 자신의 감정을 들여다보고 인정해 주기 :**

어떤 이유에서이건 내가 느끼는 감정 자체는 나쁜 것이 아닙니다. 감정은 느껴지는 것입니다. 그러므로 방금 일어난 어떤 일로 인해서 생긴 내 감정을 피하거나 억누르지 말고 그대로 인정하고 존중합니다.

나의 성격을 알아보는 12차시 프로그램

구분	차시	단원명	세부 목표	선정 도서
도입	1	구성원 하나 되기	프로그램 목적과 내용 이해집단 구성원 간 친밀감 형성	다양한 동화·그림책 소개하기
전개	2	감정을 잘 표현해요	감성주의	콩쥐팥쥐 신데렐라
전개	3	보는 관점이 남달라요	창의적 사고	반쪽이 별주부전
전개	4	규칙과 규범에 충실해요	원칙주의	개미와 베짱이 금도끼와 은도끼
전개	5	자신의 것을 타인에게 나누는 삶을 좋아해요	협력·조력	바보온달과 평강공주 아낌없이 주는 나무
전개	6	목적 없이 타인에게 베풀어요	헌신 주의	심청전
전개	7	자신이 했던 말과 의리를 중요시해요	완벽주의	토끼의 재판
전개	8	현재에 충실해요	현실주의	아기돼지 삼형제
전개	9	타인의 시선과 신뢰를 중요시해요	지도자(자기 관리)	알라딘과 요술램프
전개	10	자신만의 독특성을 가지고 있어요	이상주의	홍길동전
전개	11	감정보다 이성을 더 추구해요	개인주의	두루미와 여우 선녀와 나무꾼
종결	12	나의 성격은?	다양함을 배운다.	유사성을 지닌 색다른 경험

그림책 거꾸로 보기

다양한 성격의 특성에 대해서 간단히 알아보자

1. 감성주의

- 감수성이 풍부하고 매우 상냥하며 친절하고 사람 사귀기를 좋아하나 낯가림이 있음
- 마음이 여리고 눈물이 많으며 착함
- 정해진 규정을 좋아하며 정서는 숨김없이 고백하므로 좋고 싫음이 얼굴에 분명히 나타나는 편
- 순수하고 따뜻한 감성을 소유하고 로맨틱한 분위기나 환경을 좋아함
- 대화를 좋아하고 자신의 감정을 있는 그대로 자연스럽게 자기표현을 잘함
- 남의 말에 귀를 기울이며 주변 환경에 영향을 받고 미래에 대해 대비하는 것보다는 현실을 중시함
- 단체생활을 좋아하며 열정적이며 적극적으로 봉사하려 함
- 교우관계 등이 중요한 유형, 끼가 많아 다재다능함
- 새로운 일이나 대상을 접하면 왕성한 호기심과 열정을 갖고 대함
- 사랑받기 위해 노력하는 유형으로 타인에게도 사랑을 베푸는 것을 좋아함
- 자유로운 것을 좋아하며 무리한 요구나 엄격한 환경을 싫어함
- 높은 경쟁력의 환경에서 견디기 힘들어하며 속박받는 것을 싫어함
- 다소 즉흥적이고 충동적임, 자기주장이 센 편
- 감정 기복이 있고 다혈질적임, 속으로 질투와 샘이 많음
- 약간 안일한 면이 있고 피동적이며 사람됨이 매우 상냥하나 스트레스를 극복해 내는 힘이 다소 부족함
- 자기 자신보다는 다른 사람의 결점이나 재능을 잘 찾아내며, 다른 사람들의 생각이나 좋은 점 등을 잘 모방함
- 주변의 영향을 많이 받는 편으로 스펀지처럼 주변을 흡수함(엄마의 영향을

많이 받음)
- 조기 교육의 영향을 받아 이것저것 많이 시키는 게 좋음
- 흡수를 잘해서 주변에 좋은 사람이 있어야 좋음
- 어릴 때는 모범생으로 인정받으나 커가면서 고집이 세다는 말을 들음
- 목소리가 크고 총대를 메는 형으로 오해를 받기 쉬우므로 주장을 펼 때는 먼저 설명을 하는 것이 좋음

2. 창의적 사고
- 일반인과 생각이 다르므로 평소 사물을 바라보는 관점이 다름
- 매사에 자기의 경험과 지식을 중시하며 자기주장이 확실하며 내면의 의지력이 강함
- 창의력이 뛰어나며 독창적인 성격, 개성이 강함
- 연구능력이 뛰어나며 독특한 스타일과 색다른 아이디어로 신선함을 더 함
- 자유롭고 창의력을 펼칠 수 있는 환경에서 본인의 역량을 충분히 발휘함
- 독특한 성향으로 틀에 얽매이는 것을 꺼리기에 주위의 이해가 필요하기도 함
- 변증법에 능하고 유머 감각이 뛰어나며 가끔 사람을 놀라게 하는 경향이 있음
- 자신을 억압하는 권위적 분위기와 고정된 사고를 싫어함
- 자신을 이해하지 못하는 사람에 대해 쉽게 받아들이지 못하여 일상적인 대화를 하는 데 있어 힘든 면이 있음
- 어떤 대상을 놓고 독창적이고 비판적인 시선으로 바라보며, 상반된 사고로 대응함
- 엉뚱하고 4차원이지만 야단치지 않고 받아주고 살려주고 개발하면 창의성을 발휘함

- 하나를 시작하면 중간에 포기하지 않고 끝장내고야 마는 근성이 훈련돼 있어서 도중에 계획을 변경하거나 포기하는 등의 신뢰성 없는 행동을 하지 않음
- 특히 남자아이들은 사고를 치거나 생각이 남달라 엄마를 힘들게 하므로 잘 받아주고 잘 보살펴주어 정상발달을 도와야 함

3. 원칙주의
- 보수적이며 규범적이고 정해진 틀을 벗어나지 않음
- 새로운 경험을 못 받아들이고 변화를 좋아하지 않으며 불안정한 상황에서 스트레스를 받음
- 어릴 때 교육이 전부이며 부모님이 살았던 모습대로 살아감
- 사색을 좋아하며 선택을 신중하게 하는 편
- 대인관계에서 복잡한 것을 싫어함
- 자기가 하는 일은 철저하게 잘 함
- 주변 환경의 영향을 안 받고 내 틀대로 살아감
- 한 번 형성된 관계에서는 의리, 신뢰, 충성심 등 관계가 오래도록 계속되는 편

4. 협력·조력
- 사건·사물을 다양한 관점으로 볼 수 있으므로 상대를 이해하고 포용하려는 성향이 있음
- 사람을 좋아하고 중요하게 생각해서 자기 것도 못 챙기고 퍼주는 유형
- 에너지를 밖에서 받기에 주변에 좋은 사람이 있어야 함
- 집에서 인정받으면 밖에서 덜 퍼줌
- 마음이 따뜻하고 진정한 배려심의 사람으로 우유부단하거나 속앓이하기도 함(못하면 못한다고 말해야 하는데 'OK'라고 하고)

- 갈등을 싫어해서 혼자 다 감당하는 유형
- 아이의 경우 막지 말고 "자기 것 챙기고 하라", "힘들면 못한다고 말해도 된다" 등등 적당하게 절제하도록 도와주어야 함
- 자기 기질대로 못하면 거짓말하거나 잔꾀를 부림
- 자료를 수집하고 분석하는 능력이 탁월함
- 일에 대해서도 포괄적으로 관찰하고 분석할 수 있으며 깊게 생각하여 사물의 장단점을 찾아냄
- 환경에 적응을 잘하고 단체 활동을 좋아하여 대인관계의 폭이 넓음
- 중요한 일을 결정하는 것이 어렵고 충돌을 피하고자 다른 의견을 쉽게 따르기도 함
- 타인의 의견을 수용하다 보니 손해 보는 협력도 하지만 주변에 적은 없는 편임
- 조율능력이 뛰어나고 사교적인 성향

5. 이타주의

- 자신보다 다른 사람의 감정을 먼저 걱정하며 심지어는 모르는 사람의 감정까지도 걱정함
- 자신이 모든 것을 감당하려고 함
- 타인이 자신을 필요할 때 내 일인 것처럼 헌신하다가 정작 자기 일은 할애 할 시간이 없기도 함
- 자신의 주장이 다른 사람과 다를 경우 심한 갈등을 겪게 되지만 자신감이 부족하여 쉽게 포기하기도 함
- 그러면서 상대의 의견을 전적으로 동의하지는 않음
- 대인관계를 중요하게 여기므로 상대방이 자신을 잘 이해해주지 않으면 크게 실망하기도 함

- 타인에게 양보를 잘하며 관대함

6. 완벽주의

- 모든 일에 있어서 효율성을 강조하고 날카로운 시각으로 정확하게 비평함
- 매사에 자기 기준이 분명하며 목표를 달성하는 것을 중요하게 여김
- 돌다리도 두드려보는 유형
- 무례하게 구는 것을 싫어하며 자신도 예의 바름
- 본인의 말을 타인이 하는 것에 극도로 예민하게 반응하므로 남을 의식하고 늘 긴장하며 생활함
- 예민함·자존심이 강함
- 거만하지만 겉으로 잘 드러내지 않음
- 사람을 보는 눈높이가 높음
- 일에 대한 열정이 지나쳐서 주위 사람에게 공격적인 성향을 보이기도 함
- 책임감이 강하여 한 번 한 약속은 반드시 지키려 노력하는 유형
- 시간개념이 투철하여 시간을 잘 지킴
- 도전적인 목표를 좋아하고 도전의식이 강함
- 본인이 최고가 되어야 함, 의지가 강하고 조조와 같은 지략가 형

7. 현실주의

- 현실의 상황을 중요시함(과거와 미래는 생각하지 않음)
- 현실감각이 뛰어남
- 적응력이 강하고 상황의 사실을 살핌
- 미래의 닥치지 않은 막연한 꿈을 가지기보다는 현재의 생활에 집중하여 앞날을 모색하는 경향이 있음
- 사물을 세세히 살피는 경향을 보임

- 업무처리 과정에서 전술적인 부분이 뛰어나 목표를 잘 달성하며 성공을 바라는 마음이 큼
- 현재의 삶을 개척하려는 의지가 남달라서 개선을 위한 노력을 꾸준히 하므로 보다 나은 삶을 살아갈 수 있음

8. 지도자
- 자기주장이 뚜렷하고 고집이 셈
- 보는 눈이 높음
- 주도적이고 성취 욕구가 강함
- 자존심이 세고 독립심이 강함
- 예의가 바르고 남에게 함부로 하지 않음
- 체면을 중요하게 생각함
- 의지가 강하고 스스로 매우 엄격한 유형
- 쉽게 타인을 신뢰하지 않으나 신뢰와 신용을 중시함
- 불의를 참지 못함
- 극도로 상대방을 의식하고 늘 긴장감 속에서 생활함
- 표현을 안 하고 속내를 잘 드러내지 않음
- 잔소리를 싫어하고 명쾌한 대답을 좋아하며 의사가 분명한 편임
- 폼생폼사(폼에 살고 폼에 죽는다는 뜻으로, 겉으로 드러나는 멋을 최우선 순위로 두는 태도나 생각을 속되게 이르는 말), 세상은 나를 중심으로 돈다 형

9. 이상주의
- 예술적 감성이 풍부하여 다른 사람의 시선을 끄는 것과 남 앞에 나서는 것을 좋아함

- 칭찬과 성취감을 중시하고 일의 효율성을 강조함
- 자신감과 자부심을 지니고 어떤 일도 열정과 고집을 가지고 추진함
- 항상 일을 찾아가며 완성을 위해 노력하다 보니 혼자만의 안정적인 시간을 찾기가 어려움
- 매사에 적극적이고 능동적이며 자발적으로 행동하고 활력이 넘침
- 문제 해결에 뛰어난 순발력을 보이며 업무 능력이 탁월함
- 연예인과 같은 끼를 지니고 대중에게 인기를 얻는 직업이 어울리며 창조적인 예술가형

10. 개척(開拓)주의

- 삶의 자세가 긍정적이고 낙천적
- 꼼꼼하고 따지고 계산을 잘하므로 마음도 물질도 자기가 준 만큼 받아야 함
- 혼자 있는 것을 좋아하고 사람을 폭넓게 사귀지 않음(상처받으면 쳐 냄)
- 부모님의 영향을 많이 받음
- 호기심이 많아 새로운 일에 적극적으로 참여함
- 같은 일의 반복을 좋아하는 편이나 결과가 없는 반복은 싫어함
- 충동성이 없고 알뜰하며 손재주가 좋은 편

제2장

다양한 감정 느껴보기

01

유범희의
『그림자 아이가 울고 있다』

작가 유범희는 정신건강의학과 의원 원장으로 아픈 마음들을 만나고 있다. 저서로는 [다시 프로이드, 내 마음의 상처를 읽다], 공저로 [불안한 당신에게] 등이 있다.

▎그림자(Shadow): 내 안의 감춰진 또 다른 모습을 의미(외로움·상처·불안·수치심 등)

상황(배경): 반려견이 집을 나가버렸다. 그 날 이후 그림자 아이가 찾아온다. 그때 긴장된 마음에 초조하고 벼랑 끝에 선 듯 위태로움을 느낀다. 내면의 평온함을 빼앗아 간 것은 다름 아닌 그 그림자 아이였다. '지독한 외로움'으로 혼자만 고통받는 것 같다. 그림자 아이에게 몸과 마음이 철저하게 조정되고 있다는 것을 알았다. '다른 사람들은 다 멀쩡한데 왜 나만 이럴까?' 발버둥 치면 칠수록 더 애처로운 모습인 그림자 아이를 달래는 법을 터득하기 시작했다. 자신의 문제를 정면으로 마주하리라 결심했다. 반려견을 잃어버린 순간 어린 시절에 외롭고 사랑에 배고픈 아이가 '나'였다는 것을 알았다. 그 아이가 '그림자 아이'였다. 그 아이가 점점 커지면 불안이 높아지면서 온몸에 힘이 풀리고 에너지가 고갈되어 기진맥진해졌다. 그림자 아이는 관심과 사랑 앞에서는 한없이 작아진다. 즉 자신이 사랑을 받고 있다는 것을 느낄 때 그림자 아이의 울음이 그친다는 것을 알게 되었다. 마음속에 그림자 아이를 안고 살게 되니 겁낼 필요가 없었다. 불안이 올라오면 '불안해도 괜찮아'라고 달래주었다. 그림자와 마주한다는 것은 내 안의 소중한 일부와 만난다는 것이다. 그림자 아이는 나의 소중한 일부가 되었다. 그리고 잃어버린 나를 찾아주었다.

심리 역동에 기초한 발문 유형으로 동일시·카타르시스·통찰에 따른 발문을 작성해 보려 한다.

① 동일시

동일시(同一視)는 정신분석학에서 쓰이는 용어로 "자기가 좋아하거나 존경하는 사람의 태도·가치관·행동 등을 자기의 것으로 받아들여 가는 과정"을 일컫는다. 그래서 자기도 모르는 사이에 그 사람의 행동과 말투, 사고방식과 닮게 된다. 그림책을 사용하면 등장인물의 성격·감정·행동·태도 등의 자동적이며 의식적이지 않은 무의식 사고를 바탕으로 개인을 바라보게 한다.

♥ 텍스트 수준의 동일시 발문(등장인물에 주목)
- 주인공의 성격은 어떤가요?
- 아끼던 반려견은 왜 집을 나갔을까요?
- 주인공은 그림자 아이에게 조종당한다고 느낍니다. 당신의 방어기제는?
- 주인공의 강점은 무엇인가요?

💗 내담자 수준의 동일시 발문(내담자 경험, 호·불호)
- 이 책 내용 중 어떠한 글이 마음에 와닿나요?
- 이 책 그림 중에 맘에 드는 부분이나, 인상적인 그림이 있나요?
- 당신은 불안을 어떻게 생각하나요?
- 주변에서 불안이 심한 사람이 주변에 있나요?

② **카타르시스**

정화(淨化)와 배설(排泄)을 뜻하는 그리스어로 정신분석에서는 무의식 속에 잠겨 있는 마음의 상처나 콤플렉스를 밖으로 발산시키는 치료법을 뜻한다.

💗 텍스트 수준의 카타르시스 발문(등장인물의 희로애락)
- 불안이 엄습해올 때 대처방안이 있나요?
- 그림자 아이가 나에게 말을 걸 때 내 기분은 어떨까요?
- 그림자 아이에게 무슨 말을 해 주고 싶나요?

💗 내담자 수준의 카타르시스 발문(이야기를 거울로 가정법 사용)
- 만약 당신이 주인공처럼 혼자서 불안과 맞서야 한다면 당신의 기분은 어떨까요?
- 어릴 적 나의 애처로운 모습을 본 당신의 마음은 어떨까요?
- 주인공처럼 또 다른 사람이 불안 때문에 작아진 것을 본다면 당신의 기분은 어떨까요?

③ **통찰**

갈등의 해결에 도움 주는 깨달음의 의미로 사용되며, 통찰에서 지적 통찰과 정서적 통찰이 있다고 한다.

💛 텍스트 수준의 통찰 발문(다른 시각)
- 주인공은 심리전문가의 도움을 받아 그림자 아이와 마주합니다. 그 방법은 어떠한 효과를 주었을까요?
- 그림자 아이는 어떻게 성장할 수 있었을까요?
- 시간이 흐른 뒤 내 안의 소중한 일부와 만났을 때 어떤 생각과 말을 해줄까요?

💛 내담자 수준의 통찰 발문(문제 해결 방법과 깨달음)
- 당신이 만약 주인공이었다면 그림자 아이가 찾아 왔을 때 어떤 방법으로 응대했을까?
- 당신이 만약 세상에 혼자인 듯 느끼는 사람에게 어떤 말을 전해주고 싶나요?
- 집 나간 반려견이 다시 돌아왔을 때 어떤 감정일까요?

우리에게 불안과 공포는 흔하고 익숙한 감정이지만 살면서 불안과 공포를 한 번도 느껴보지 못한 사람은 없다. 프로이트는 불안을 "우리의 무의식에서 보내는 일종의 경고 신호"라고 했다. 불안이 있기에 다가오는 위험을 예측해서 더 잘 피할 수 있고, 불안이란 어쩌면 생존의 필수적인 감정이지만 이 불안감의 정도가 나를 압도하면 무기력에 빠지게 된다.

이 책에서는 "당신이 불안하다는 것은 당신이 외롭다는 것이다"라고 말한다. 몇 가지 의문을 가져본다. 외로워서 불안한 것일까? 그렇다면 불안은 어디에서 올라오는 것일까? 아울러 외로운 것이 무엇일까? 심리학에서 불안의 발생원인 중 가장 대표적인 것으로 분리불안을 꼽는다.

④ 사진 치료적 접근

♥ 느낌 나누기

♥ 느낌 나누기

제2장 다양한 감정 느껴보기

⑤ 음악 치료적 접근

- 비발디 사계 겨울 2악장
- 라데츠키 행진곡

⑥ 영화 치료적 접근

- 영화 '블랙'
- 영화 '82년생 김지영'

> 사례
> 적용

내면 아이가 울고 있어요. 우울의 대물림

　3살 쌍둥이를 키우고 있는 29살의 주부이면서 프리랜서로 수입을 내는 워킹 맘이다. 그녀는 어렸을 때 부모와 함께 살았으나 주 양육자는 할머니였다. 할머니는 어머니를 너무 미워했다. 시댁 식구들 모두 어머니를 구박했다. 그런 어머니가 늘 안타깝고 불쌍했다. 어머니를 도울 수 없는 자신이 원망스럽고 싫었다. 어머니를 힘들게 하고 외롭게 만드는 아버지와 할머니, 고모들에 대한 분노만 커졌다. 이런 곳에서 탈출하는 것으로 선택한 것이 결혼이었다.

　할머니가 자신을 키워줬는데도 어머니를 청소부 대하듯이 하대하는 할머니에게 양가감정으로 키워 준 데 대한 고마움을 표현하지 못했다는 죄책감에 시달렸다. 감정을 억제하고 상황을 회피하다 보니 공황장애라는 진단을 받게 되었다. 한 번도 반항하지 않는 어머니가 무척이나 싫었다. '도대체 어머니는 감정도 없는 사람인가, 억울함도 없나?'라고 아무리 생각해도 이해는커녕 원망의 눈빛만으로 쳐다볼 수밖에 없었다. 부모의 사랑과 관심을 받지 못하고 자라면서 그 어떤 누구든 신뢰하지 못하게 되었다. 부모의 반대를 무릅쓰고 결혼해 살다 보니, 자신 안에 해결되지 않는 슬픔과 무력감, 그리고 죄책감이 매 순간 자신을 괴롭히고 있다는 것을 알게 되었다.

　남편만은 신뢰할 수 있는 사람이라고 믿었다. 그러나 그러한 신뢰감마저도 깨진 상태다. 어떻게 살아가야 할지를 생각하면서 어머니의 삶이 너무 안쓰럽게 다가왔다. 벌을 받는 느낌이고, 어머니 같은 삶을 살게 될까 봐 두렵다. 어머니한테 죄송하다는 말도 차마 하지 못했다. '사랑한다'라는 말은 더더욱 내뱉기 어려운 단어였다. 그러나 '사랑한다'라는 말은 자신이 가장 듣고 싶은 말이기도 했다.

Tip
① 가장 기본 바탕인 '신뢰'를 다시 경험을 할 수 있도록 기회의 제공이 필요하다.
② 대인관계에서의 불편함·불안감·부적절함(부정 정서) 등이 자신에게 어떤 영향을 주고 있는지를 파악해야 한다.
③ 누적된 스트레스의 원인을 하나씩 찾아보는 것도 도움이 된다.
④ 자신의 억압된 감정과 욕구를 인식하고 표현하도록 도와준다.
⑤ 자신을 스스로 이해(자기 이해)하면서 받아들이며 돌볼 수 있도록 격려가 필요하다.
⑥ 우울과 불안의 수준을 경감하는 방법을 찾아본다.
⑦ 자신과 어머니의 삶을 '서로 다르다'라고 분리해서 생각하는 연습이 필요하다.
⑧ 자신이 듣고 싶은 말, '사랑한다'를 하루에 세 번 이상 말해준다.

부모로부터 대물림되는 우울

　3살·5살 두 남매를 키우고 있는 워킹 맘이 있습니다. 그녀는 어렸을 때 부모와 함께 살았지만 주 양육자는 할머니였습니다. 할머니와 고모들이 어머니를 힘들게 하고 구박을 하는 모습을 보면서 자랐습니다. 그런 어머니의 모습을 보면서 불쌍하고 안쓰럽게 생각되면서 할머니와 고모에 대한 미움과 원망이 쌓여만 갔습니다. 그리고 아버지는 중재 역할을 하지 않으시고 침묵으로 일관하셨습니다. 대학생이 되어 부모의 가정사에서 할머니가 친엄마가 아님을 알게 되었습니다. 부모의 사랑과 관심을 받지 못하고 자라면서 친하게 지내는 선배와 부모의 반대에도 무릅쓰고 대학교 졸업하자마자 결혼하게 되었습니다. 문득문득 자신 안에 슬픔과 우울감과 무력감이 순간순간 자신을 괴롭히곤 합니다.

Tip 자신의 마음을 스스로 이해하고 받아들이는 마음이 필요합니다. 자신의 억압된 감정과 욕구를 인식하고 표현하는 것이 필요합니다. 누적된 우울감, 슬픔, 무력감 등으로 인한 감정변화의 원인을 찾아보는 것도 방법입니다. 힘들더라도 나의 슬픔과 우울과 무력감이 아이들에게 대물림 되지 않기 위해 이런 상처받은 감정들을 스스로 치유할 수 있도록 노력해야 합니다.

02

앤서니 브라운의
『겁쟁이 빌리』

앤서니 브라운은 묵직한 주제들을 그림책을 통해 유머러스하고 위트 넘치게 담아낸다는 평을 받는 작가다. 그가 영향을 받은 작가로는 초현실주의 화가인 르네 마그리트, 그림책 작가인 모리스 센닥과 크리스 밴 올버그 등이 있다. 그의 작품으로는 고릴라·동물원·우리 엄마·우리는 친구·행복한 미술관·돼지 책 등이 있다.

겁이 많은 빌리는 늘 근심·걱정이 가득해요. 빌리는 하늘에 있는 구름마저도 걱정해요. 자기가 쓰고 있는 모자마저도 걱정하지요. 빌리의 걱정은 수만 가지에 이르러요. 그래서 잠을 잘 수가 없어요. 할머니는 빌리에게 있는 걱정거리를 인형에게 넘겨주라고 '걱정 인형'을 건네주었어요. 과연 빌리의 걱정은 말끔히 사라지게 되었을까요? 빌리는 "걱정하지 마, 걱정 인형이 있잖아"라고 자기에게 말한 후 잠을 푹 잘 수 있었어요.

① 동일시('감정이입'을 일컬음)

💛 텍스트 수준의 '동일시(同一視)' 발문(등장인물에 주목)
- 주인공 빌리의 성격은 어떤가요?
- 빌리처럼 잠을 제대로 못 잔 경험이 있었다면 어떤 상황에서 그러했는지 이야기해 보세요
- 할머니가 '걱정 인형'을 주었을 때 빌리는 어떤 생각을 했을까요?

💛 내담자 수준의 동일시 발문(내담자 경험, 호·불호)
- 이 책을 보고 가장 기억에 남거나 인상 깊었던 장면은 무엇인가요?
- 그 장면을 통하여 어떤 기억이 떠올랐는지 이야기해 보세요.
- 이 책을 읽고 난 후 느낌은 어떠한가요?
- 지금의 내 모습을 생각해서 이야기해 보세요.

② 카타르시스

정화와 배설, 정신분석에서는 마음의 상처나 콤플렉스를 밖으로 발산시키는 치료법을 의미한다.

💛 텍스트 수준의 카타르시스 발문
(등장인물의 희로애락·기쁨과 노여움과 슬픔과 즐거움)
- 빌리가 할머니 집으로 떠날 때의 기분은 어떠했을까요?
- 걱정 많은 친구에게 어떤 말을 전해줄 수 있을까요? 또는 나는 어떤 말을 듣고 싶을까요?
- 요즘 어떤 근심·걱정으로 인한 불안요인이 있을까요?
- 불안한 마음이 들 때 어떤 행동으로 해소해야 할까요?
- 걱정이 있거나 불안한 마음이 들 때 이야기할 대상이 있다면 누구일까

요? 없다면 어떤 방법으로 불안요인에서 탈출할 수 있을까요?

♥ 내담자 수준의 카타르시스 발문(이야기를 거울로 가정법 사용)
- 만약 빌리와 같은 사람이 당신 곁에 있다면 어떤 마음이 드나요?
- 빌리가 할머니에게 공감을 받았던 것처럼 그렇게 공감을 받았던 경험이 있나요?
- 공감을 받았던 경험이나 그런 사람이 주변에 있는지 이야기해 보세요.
- 불안한 마음이 들 때 어떤 행동으로 해소해야 할까요?

③ 통찰
갈등요인의 해결에 도움 되는 깨달음의 의미로 사용되며, 통찰에는 지적 통찰과 정서적 통찰이 있다.

♥ 텍스트 수준의 통찰 발문(다른 시각)
- 불안이 가져다주는 긍정적인 효과는 무엇일까요?
- 걱정이 솟아 올라올 때 당신에게는 어떠한 대처방안이 있나요?

♥ 내담자 수준의 통찰 발문(문제 해결 방법과 깨달음)
- 빌리의 마음을 색깔로 표현한다면 어떤 색일까요?
- 그 색이 지니는 의미에 관해 이야기해 보세요.(자신의 현재 삶에서의 의미 찾기)

④ 사진 치료적 접근

♥ 느낌 나누기

♥ 느낌 나누기

● 느낌 나누기

제2장 다양한 감정 느껴보기

⑤ **음악 치료적 접근**

- 타자기 협주곡
- 들국화 '걱정 말아요, 그대'

⑥ **영화 치료적 접근**

- 영화 '가버나움'
- 영화 '램스'

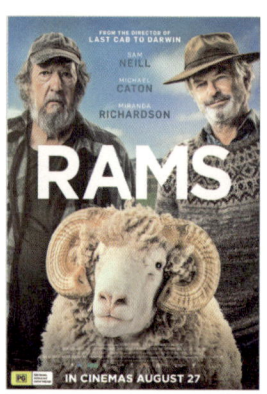

> 사례 적용

49세 남성의 발표 불안·수치심

A씨는 유년 시절 막내로 아버지의 귀여움을 받고 자랐다. 그러나 부모 관계 사이는 좋지 않아 부모가 싸우는 광경을 볼 때마다 무서워했다. 그리고 가난했던 가정환경에 대한 수치심을 지니고 있었다. 아울러 불우한 환경으로 인해 타인으로부터 무시당할까 봐 늘 두려워했다. 그런 두려움이 누적되면서 삶을 전전긍긍하게 살아가야 할 정도로 불안 요소가 강화되었다. 그런데 A씨가 초등학교 6학년 때 부모는 이혼하고 말았다.

A씨는 현재 야간대학을 다니고 있는 49세 남성이다. 이번 주에 대학에서 공개 발표가 있다. 발표 자료를 준비하고 강의 시연을 해도 불안과 긴장감은 사라지지 않는다. 불안을 극복하기 위해서 5분 이내의 간단한 발표를 100번 이상의 연습하면서 만반의 준비를 하는데도 불구하고 극심한 내적 고통을 좀처럼 떨쳐낼 수 없다. 우황청심환은 물론 두통약까지 먹는데도 그다지 효과를 얻지 못한다.

그는 평소 수업을 함께하는 학생들 누군가 웃음소리를 조금이라도 내면 자신을 비웃는 것처럼 인식한다. 그렇게 인식하고 나면 더는 발표를 할 수 없을 정도로 동작이 굳어져 버린다. 누군가에게 소외당한다고 느껴지는 감정을 조절할 수 없다. 완벽하지 않으면 가족이나 타인으로부터 관심을 받지 못하고 쓸모없는 사람이라고 지레짐작한다.

Tip ① 자신의 불안요인에 대한 이해와 그 불안으로 인한 현실 적응 문제에 대해서 간절한 마음을 지녀야 한다.
② 어느 정도의 불안요인인지를 1부터 10까지 수치화 작업을 통해 그 정도를 파악할 수 있다.
③ 자신이 감당할 수 있는 적절한 불안요인에 대해서 기록하며 이야기 나눌 수 있게 한다.
④ 불우한 가정환경과 부모의 이혼이 자신의 잘못과는 전혀 관련이 없음을 인지하도록 도와줘야 한다.
⑤ 수치심에 대한 건강한 긍정적 측면과 해로운 부정적 측면이 무엇인지 구체적으로 탐색해보는 것도 도움이 된다.
⑥ 자신을 신뢰할 수 있도록 '자기애(自己愛·자신을 사랑하는 마음)'를 키우는, 자기만의 방안을 모색해 보는 것도 필요하다.

겁이 많고 불안이 많은 초등학교 1학년 여자아이

　남편은 가부장적이고 엄격한 편입니다. 딸아이의 작은 실수(물을 흘리는 것, 물건을 떨어뜨리는 것 등)에도 야단을 치고 화를 냅니다. 그리고 아빠의 목소리가 커서 딸아이는 아빠가 말을 하면 경식되어 울곤 합니다. 남편이 엄격한 편이라 저는 딸아이에게 잘해 주려고 하는 데 딸 아이의 안전을 강조한 나머지 "~~하면 안 돼, 위험해서 안 돼" 등등 부정적인 얘기를 많이 하게 됩니다. 딸아이는 다른 아이들과 비교해 많이 위축되어 있고 눈치를 많이 보고 조심성이 무척 강합니다. 아울러 혼자 있는 것을 무척 싫어하고 밤에도 불을 켜 놓은 채로 잠자리에 들곤 합니다.

Tip 우선 편안하고 긍정적이고 안정적인 가정의 모습이 필요해 보입니다. 아이가 편안함을 느낄 수 있도록 지지와 격려가 필요합니다. 아이보다 부부 상담과 개인 상담을 권유합니다.
불안의 정도는 사람마다 다르기에 아이의 기질적인 부분을 먼저 이해하면 도움이 될듯 합니다.
불안을 일상생활에서 당연하고 자연스럽게 받아들이는 마음가짐이 필요합니다. 어떠한 상황에서도 부모가 담대하게 바라보는 모습을 보여주어 딸아이에게 자기 신뢰·자기 확신이 생길 수 있도록 따뜻한 격려가 필요합니다.

03

줄스 파이퍼의
『짖어봐 조지야』

　미국의 1세대 풍자만화가인 줄스 파이퍼는 틀에 박힌 편견(고정관념)을 꼬집는 책으로 풀리처 상을 받기도 했다. 특히 [짖어봐, 조지야] 그림책으로 '페어런츠 초이상'을 받기도 했다.

- ◆ 등장인물: 조지네 엄마, 조지(강아지), 의사 선생님
- ◆ 상황설명: 조지네 엄마는 조지가 자기 소리를 내지 못하고 다양한 동물들의 소리를 내서서 걱정되어 의사 선생님을 찾으러 갔다.

A: 조지야, 한번 짖어 봐.
B: 야옹, 꽥꽥, 꿀꿀, 음매, 멍멍…

(의사 선생님이 손을 목 깊이 넣어서 동물들을 하나씩 모두 꺼낸 다음 '멍

멍' 하고 짖었다. 조지네 엄마는 기뻐서 지나가는 사람들에게 조지를 자랑하고 싶었다.)

A: 조지야, 짖어 봐.
B: "안녕!"

① 동일시

♥ 텍스트 수준의 동일시 발문(등장인물에 주목)
- 조지의 성격은 어떤가요?
- 조지의 엄마는 어떠한 엄마인가?
- 조지의 입속에서 다른 동물들이 나왔을 때 조지의 마음은 어떠했을까요?
- 조지의 강점은 무엇인가요?

♥ 내담자 수준의 동일시 발문(내담자 경험, 호·불호)
- 당신은 어떠한 스타일의 엄마인가요?
- 이 책 그림 중에 맘에 드는 부분이나, 인상적인 그림이 있나요?
- 당신은 조지를 어떻게 생각하나요?
- 조지와 엄마의 관계는 어떠한가요?

② 카타르시스

정화(淨化)와 배설(排泄)을 뜻하는 그리스어로 정신분석에서는 무의식 속에 잠겨 있는 마음의 상처나 콤플렉스를 밖으로 발산시키는 치료법을 의미한다.

♥ 텍스트 수준의 카타르시스 발문(등장인물의 희로애락)

- 조지의 입안에서 동물들이 나왔어요. 그 이후엔 어떤 일이 일어날까요?
- 나에게 나온 동물들이 나에게 말을 걸 때 내 기분은 어떨까요?
- 내 속에 내가 아닌 다른 어떠한 동물로 표현하고 싶나요?
- 왜 그 동물로 표현했나요?

💛 내담자 수준의 카타르시스 발문(이야기를 거울로 가정법 사용)
- 만약 당신이 조지였다면, 당신의 기분은 어떨까요?
- 어릴 적 나의 애처로운 모습을 본 당신의 마음은 어떨까요?
- 주인공처럼 또 다른 사람이 불안 때문에 작아진 것을 본다면 당신의 기분은 어떠한가요?

③ 통찰
갈등의 해결에 도움 되는 깨달음의 의미로 사용되며, 통찰에서 지적 통찰과 정서적 통찰이 있다.

💛 텍스트 수준의 통찰 발문(다른 시각)
- 내가 아닌 다른 존재로 사는 것은 나에게 어떤 의미가 있을까요?
- 그러한 삶의 의미는 나를 어떻게 바꿔 놓았을까요?
- 조지의 입안에서 여러 가지 동물들이 꺼냈습니다. 당신의 마음속에서 꺼내고 싶은 어떠한 것이 있는가? 있다면 무엇인가? 예를 들면 미움·게으름·질투 등등
- 내가 진정한 내 목소리를 낸 적이 있는가? 그때의 느낌은 어떠했는가?

④ 사진 치료적 접근

♥ 느낌 나누기

♥ 느낌 나누기

⑤ **음악 치료적 접근**
- 쇼팽의 '강아지 왈츠'
- 동물농장

⑥ 영화 치료적 접근

- 영화 '인사이드 아웃'

- 영화 '오! 문희'

사례
적용

갈팡질팡하는 진로 선택, 정체성

현재 나이 31살로 진로 때문에 속앓이를 하는 있는 청년이다. 대학교 때 기계 부문을 전공했지만, 사회에 나와서는 택배 일을 하고 있다. 한 달 생활을 어찌어찌 꾸려나가는데 어느 쪽으로 진로를 선택할지 항상 고민이다. 고등학교 시절부터 대학 시절까지 자신이 원해서 무언가 성취해 본 적이 없었다. 아울러 그는 가족이나 사회적인 규범에서 요구하는 것에 순응하며 수동적인 의사소통의 방식으로 살아왔다. 그래서 자신의 진로 선택을 할 때는 주변 사람들의 눈치를 봐야만 했다.

자신의 인생에 대해서 스스로 무언가를 선택하고 책임진다는 것에 대해 두려움이 크다. 이러한 삶의 태도가 "세상은 내게 두려운 대상이며 무언가를 강압적으로 해야 하는 것"으로 자신만의 신념을 지니게 되었다. 때로는 무엇을 선택하지 않고 수동적으로 순응하는 자신의 모습을 마치 자신이 선택하지 않았다고 하거나 '그럴 수밖에 없었다'라고 자신을 합리화시키는 게 일종의 대화 패턴이었다. 부모에게 인정받기 위한 것만 집중하려 하다 보니 혼자 있을 때는 공허함과 삶의 무기력감을 수시로 느끼고 있다.

 1. 가족 안에서 부모의 생활양식(패턴)을 먼저 이해해야 한다.
2. 자신의 발달사가 어떻게 이루어졌는지에 대해 구체적으로 이해할 필요가 있다.
3. 자신의 욕구가 무엇인지를 파악해야 한다.
4. 자신을 있는 그대로 인식하며 현재의 모습을 그대로 받아들이도록 해야 한다.
5. 진로는 선택도 중요하면서도 책임이 뒤따른다는 것을 충분히 인식할 필요가 있다.

6. 부모나 사회로부터 인정받고 싶은 욕구를 부정하고 있음을 인지하고 솔직한 마음을 직시하도록 해야 한다.

04

마거릿 와이즈 브라운의 『중요한 사실』

　마거릿 와이즈 브라운은 유명한 그림책 작가이다. 옛이야기와 우화가 주류를 이루던 어린이 책 시장에 '지금, 이곳'이라는 전환점을 제시하며 1930~40년대 미국 어린이 문학의 새로운 지평을 열었다. 브라운은 어린이들과 직접 대화하고 관찰하여, 어린이들이 어떤 고민을 하는지, 어떤 이야기를 읽고 싶어 하는지를 이해하고자 했다. 그 결과 어린이의 시각으로 세상을 바라보고 글을 썼다. 그의 작품은 가장 이상적인 유아용 그림책으로 알려진 [잘 자요, 달님]과 칼데콧 상 수상작인 [모두 잠이 들어요] 등이 있다.

A: 우리가 매일 사용하는 숟가락의 기능이 뭐라고 생각하니?
B: 숟가락은 손에 쥐는 것이고 입에 넣을 수도 있고 숟가락으로 뭐든지 뜨지.
A: 그렇지. 숟가락에는 그런 기능들이 있어. 그렇다면 숟가락의 본질은 뭐라고 생각하니?
B: 글쎄…….

A: 숟가락의 본질은 밥을 먹을 수 있다는 거야. 그것이 숟가락에 대한 가장 중요한 사실이기도 해. 또 다른 예로, 바람에 관한 중요한 사실은 바람이 분다는 것과 같아. 너에 관한 중요한 사실은 '바로 너'라는 것과 같은 거야.

① 동일시('감정이입'을 일컬음)

♥ 텍스트 수준의 동일시 발문(등장인물에 주목)
- 표지 포장지에 무엇이 그려져 있나요?
- 무엇을 포장한 것일까요?

♥ 내담자 수준의 동일시 발문(내담자 경험, 호·불호)
- 이 책을 보고 제일 기억에 남거나 인상 깊었던 장면은 어떤 것인가요?
- 그 장면을 통하여 어떤 기억이 떠올랐는지 이야기해 보세요.
- 이 책을 읽고 난 후 느낌은 어떠한가요?
- 지금의 내 모습을 생각해서 이야기해 보세요.

② 카타르시스

정화와 배설, 정신분석에서는 마음의 상처나 콤플렉스를 밖으로 발산시키는 치료법을 의미한다.

♥ 텍스트 수준의 카타르시스 발문(등장인물의 희로애락)
- 내가 느끼는 것을 생각나는 대로 써보세요.
  나는 _____ 때 _____ 라고 느껴요!

♥ 내담자 수준의 카타르시스 발문(이야기를 거울로 가정법 사용)

- "나에 관한 중요한 사실은 다른 사람 아닌 바로 너라는 거야"라는 말에서 어떤 느낌을 받았나요?
- 나에 대한 중요한 사실을 말해 보세요.

  나는 _____ 좋아요!
- 당신에게 소중한 것들이 어떤 의미가 있나요?
- 당신의 소중한 것들이 사라졌을 때의 감정에 관해서 이야기해 보세요.

③ 통찰

갈등의 해결에 도움 되는 깨달음의 의미로 사용되며, 통찰에서 지적 통찰과 정서적 통찰이 있다고 한다.

- 현재의 나의 모습과 5년, 10년 뒤의 모습을 상상해 보세요.

④ 사진 치료적 접근

♥ 느낌 나누기

♥ 느낌 나누기

⑤ 음악 치료적 접근

- 김창완 '무슨 색을 좋아해도'
- 안치환 '사람이 꽃보다 아름다워'

⑥ 영화 치료적 접근

- 영화 '거룩한 분노'
- 영화 '아이 엠 우먼'

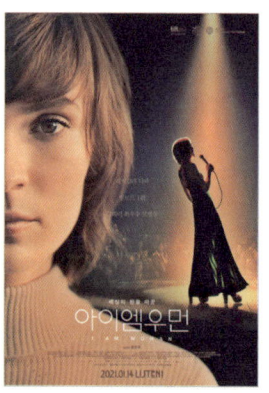

사례
적용

자신이 소중하다:
조현병인 아버지와 우울증인 어머니

나는 나이 45살인 미혼인 여성이다. 아버지는 조현병 진단을 빌았다. 무능력하고 늘 집에서 멍때리며 지낸다. 아버지의 행동에 있어서 특이점은 모든 볼륨을 최소로 하거나 음소거를 한다. 심지어는 텔레비전을 볼 때조차도 음소거를 한다. 아울러 정리정돈이 전혀 되지 않아 매일 청소를 해도 늘 폭탄 맞은 집 같다. 평소에 말도 거의 없지만 한 번 화를 낼 때는 '아버지도 목소리를 가지고 있었구나'라고 여겨질 정도로 크다. 어머니는 이런 아버지가 짜증스럽다고 여긴다. 어머니는 지금까지 집안 살림이며 경제적인 부분까지 도맡아 왔기에 삶에 이미 지쳤다고 늘 말했다. 어머니는 혼자 술을 마시면서 욕을 퍼붓기도 하고 우울증이 있어 보이기까지 했다. 그래서 나는 화를 내거나 욕하는 사람을 보면 긴장되고 위축되면서 심장이 두근거리는 신체변화가 일어난다.

대인관계에서 자신에게 화를 내거나 부정적으로 대접한다는 느낌을 받을 때는 자신이 무시당하고 있다는 생각이 들어 화가 난다. 남을 많이 의식하기 때문에 화를 드러내고 내지는 못한다. 그래서 관계를 끊거나 만나는 것을 기피해 버린다. 그리고 부정적인 생각을 계속적으로 곱씹으면서 감정이 폭발하거나 우울한 상태에 빠지곤 한다.

Tip
① 자신 안에 있는 내적 대상의 부재로 인한 낮은 자존감을 회복해야 한다.
② 현재 부모로부터 좋은 대상을 경험할 수 없다고 주변 사람들 가운데 소통이 가능하고 따뜻한 사람과 우선 만남을 갖는 것이 도움이 된다.
③ 책이나 유튜브, 심리상담을 통해 자신의 강점과 자신을 있는 그대로

인정하고 표현하는 연습을 꾸준히 해야 한다.

④ 일상생활이나 성장과정에서의 상황과 감정을 이해하는 과정이 필요하다.

⑤ 자신을 옭매는 틀이나 부정적인 시각에서 벗어나 자신의 생각이나 행동에 대한 믿음을 갖도록 자존감을 높이는 방법을 익히는 것도 중요하다.

⑥ 일상생활 가운데 느껴지는 느낌이나 생각을 탐색하고 자신에 대한 이해를 넓혀가야 한다.

⑦ 사람들을 기피하고 비난의 소리에 두려움과 불안이 발생할 때 자신을 비난하지 않고 힘들어하는 자신을 감싸주는 훈련을 필요하다.

남의 시선에 신경을 많이 쓰는 초등학교 5학년 여자아이

딸아이는 바르고 착한 아이입니다. 늘 집에서나 학교에서나 인정과 칭찬을 받는 아이입니다. 너무 예쁘고 사랑스러운 아이인데 요즘 들어 과하게 다른 사람 말에 신경을 쓰고 예민하게 반응을 합니다. 선생님이나 친구들에게 조금만 좋지 않은 말을 들으면 온종일 밥도 먹지 않고 우울해합니다. '너무 칭찬만 받은 아이라 그러겠지?'라고 생각도 들면서 한편으론 너무 걱정이 됩니다.

Tip 우선 딸아이의 기질적 특성과 성향을 잘 파악하는 것이 중요합니다. 남의 평가와 시선에 자기 자존감이 훼손되어서는 안 됩니다. 무엇을 잘해서가 아니라 있는 그대로 인정해주시고 사랑해주시는 것이 필요합니다. 부모님부터 어떤 결과가 아닌, 남의 시선이 아닌 본인 스스로가 사랑할 수 있도록 격려와 지지를 아끼지 말아야 합니다. 그리고 안아주면서 '사랑한다'라는 말도 자주 해주면 많은 도움이 될 것입니다.

05

이보나 흐미엘레나프스카의
『두 사람』

작가 이보나 흐미엘레나프스카는 1960년에 태어나 폴란드에서 미술공부를 하였고, 네 아이의 엄마이기도 하다. 다양한 미술 분야에서 활동하다가 지금은 그림책 작가로 현실과 상상이 만나는 글과 그림을 통해, 일상의 작은 몸짓에 숨겨진 의미를 끄집어내는 작업을 즐겨한다. [두 사람] [생각] [시간의 네 방향] [안녕, 유럽] [여자아이의 왕국] 등의 작품이 있다.

▎두 사람이 함께 사는 것은 함께여서 더 쉽고 함께여서 더 어렵습니다

세상에서 가장 가까운 두 사람 사이에 감정과 생각의 차이를 멋진 비유에 담아 균형과 조화를 이루어 눈과 귀에 즐거움과 만족감을 준다. 아울러 상대방의 관점에 따라 세상의 수많은 '두 사람'들이 서로의 사이에 대해 알아가고 이해하려 한다. 이렇게 세상에서 가장 가까운 어떤 두 사람의 이야기, 함께하

는 두 사람이라면 누구나 이 이야기의 주인공이다.

① 동일시 ('감정이입'을 일컬음)

♥ 텍스트 수준의 동일시 발문(등장인물에 주목)
- 이 책을 읽고 난후 느낌을 이야기해 보세요.
- 이 책을 보고 마음에 드는 장면은 어떤 장면이 있는지 자유롭게 이야기해 보세요.
- 그 장면이 떠올랐던 이유는 무엇인지 이야기해 보세요.

♥ 내담자 수준의 동일시 발문(내담자 경험, 호·불호)
- '두 사람'이라고 말하면 생각나는 사람은 누구일까요? '함께 한다'는 것은 무엇을 의미할까요?
- '함께 하고 있다'라는 경험에 관해 이야기해 보세요.
- 부모와 자녀 사이 관계, 스승과 제자와의 관계 등에서 의사소통 면이나 정서적인 면에서 다르거나 알아주지 못해서 속상했던 기억을 이야기해 보세요.

② 카타르시스

정화와 배설, 정신분석에서는 마음의 상처나 콤플렉스를 밖으로 발산시키는 치료법을 의미한다.

♥ 텍스트 수준의 카타르시스 발문(등장인물의 희로애락)
- 두 창문을 통해 같은 것을 볼 수도 있고, 다른 풍경을 볼 수도 있습니다. 하나의 사건으로 의견이 달랐던 적은 무엇인지 이야기해 보세요.

- 살면서 가장 기쁘거나 행복했던 기억은 무엇인지 이야기해 보세요.
- 살면서 가장 슬프거나 속상했거나 불편했던 기억은 무엇인지 이야기해 보세요.

♥ 내담자 수준의 카타르시스 발문(이야기를 거울로 가정법 사용)
- '모래시계'처럼 서로의 생각과 감정을 협력하여 주고받는 관계에서 주기만 하거나 받기만 했던 경험과 받고 싶었던 감정을 서로 이야기해 보세요.
- 지금 내가 원하는 것은 무엇이며 그 원하는 것을 누구에게 받고 싶은가요? 또는 상대방이 원하는 것을 내가 해 줘서 뿌듯했던 경험과 해 주지 못해서 속상했던 경험을 이야기해 보세요.

③ 통찰

갈등의 해결에 도움 되는 깨달음의 의미로 사용되며, 통찰에서 지적 통찰과 정서적 통찰이 있다고 한다.

- '틀리다'라는 것과 '다르다'라는 것의 의미에 관해 자유롭게 이야기해 보세요.
- '두 사람이 함께 사는 것은 함께여서 더 어렵고 함께여서 더 쉽습니다' 함께여서 더 어렵고 함께여서 더 쉬운 경험을 이야기해 보세요.
- 지금 원하는 것은 무엇이며 상대방을 위해 해 줄 수 있는 것은 무엇인지 이야기해 보세요.
- 관계 속의 내 모습은 어떠한지 이야기해 보세요.

④ 사진 치료적 접근

♥ 느낌 나누기

⑤ 음악 치료적 접근

- 성시경 '두 사람'
- 바이브 '그 남자 그 여자'

⑥ 영화 치료적 접근

- 영화 '다시 태어나도 우리'
- 영화 '코다'

사례 적용

결혼했다고 두 사람이 한 사람이 되는 것은 아니다

"저는 결혼 1년 차로 신혼입니다. 남편은 중소기업의 대표예요. 15명의 직원이 있어요. 각 파트 별 팀장이 있어서 회사 일로 속을 썩인 적은 없어요. 그러나 남편과 빈번하게 싸우는 이유가 '일과 가족' 사이에서의 갈등 때문이에요. 가족들과 함께 하는 시간임에도 늘 일 때문에 전화 오면 나가버려요. 때로는 중요한 일이 아닌데도 나가는 경우도 많아요. 거의 술 약속이었어요. 가족 행사 때도 그랬고, 가족 여행·가족 외식 등 가족보다 일이 우선인 남편이 화가 나요. 포기되지 않는 저 때문에도 때로는 화가 나요. 남편에 대한 기대가 아직도 남아있다는 것이 더 저를 절망하게 해요."

Tip ① '기대'하기 전에 부부로써 정서적 교감이 필요하다. 그 정서적 교감은 나를 이해해 주기 바라는 마음이 아닌 자신의 심정을 이야기함으로써 상대방에게 공감을 얻는 것이다. 서로 공감하다 보면 자신도 모르게 성장하고 있음을 알 수 있다. 그 성장 안에서 상대방이 무엇이 필요한지를 본능적으로 알게 된다. 이렇듯 정서적 교감은 누구한테나 존재하고 필요하지만, 정서적 교감에 대한 만족도는 각 개인에 따라 다르다. 서로의 삶의 방식이 다르고, 관계의 중요성이 다르듯이 삶의 가치 기준은 소통의 부재와 소통의 원활함을 나 스스로 판단해서가 아니라 느낌으로 나뉘어져 버린다는 사실이다. 서로가 배려하고 있다는 것도 말을 해서 아는 것이 아니라, 인간은 감정의 동물이라서 직감으로 느낄 수 있다.

② '기대한다'라는 의미는 무엇일까? 직장에서나 가정에서의 '기대감'은 결국 욕망충족에 대한 좌절로 돌아온다. '기대'는 바람직한 행동이나 태도 등을 바탕으로 하여 꼭 지켜야 할 규칙을 따르는 것으로 받아들이는 것을 지극히 당연한 일로 여기는 것을 말한다.

즉 기대는 바람직한 규범·규칙·가치·개념에서 비롯된다. 태어나서 부모로부터 부모의 양육신념, 역할 지능, 자녀 성취에 대한 기대는 부모의 양육행동 즉 사회적·심리적 적응과 밀접한 관련이 있다. 이러한 과정 중에서 부모와의 애착 관계, 훈육방법, 기본생활습관, 식사예절 등에 따른 정서적 교감의 불균형이 있으면 기대감은 이기심으로 변질하며 결국 소유욕으로 발전하게 된다. 기대는 '갖고 싶다'이다. 그것이 물질이든, 심리적이든 자신에게 이득이 되는 모든 것을 포함한다.

즉 '갖고 싶다'라는 것은 소유다. 무엇이 갖고 싶고, 그것은 어디에서 오는 결손일까? 부모로부터 좌절을 경험한 일을 기억해 보면 상대방에 대한 기대는 줄어든다. 결론적으로 우리는 그 대상이 누구든 상관없이 '기대'해야 할까? 답은 자신에게 있다.

무섭게 싸우는 부부

이 부부는 동창생으로 어려서부터 친구로 친밀감이 남들보다는 좋다고 자부하고 결혼 생활을 시작하게 됩니다. 대화도 잘되고 서로 너무 잘 안다고 생각했는데 결혼 생활을 하고 6개월이 지나지 않아 부부는 부부싸움을 하게 됩니다. 부부싸움이 한번 시작되면 이 부부는 끝을 보기까지 서로 지지 않으려고 싸웁니다. 점점 부부싸움 횟수도 잦아지면서 강도가 세지면서 서로 죽일 듯이 민감한 부분들을 서로 잘 알다 보니 건드리고 결국 깊은 상처를 남기고 끝을 냅니다. 한번은 실수로 아내를 밀었는데 식탁에 부딪히면서 부부 모두 충격을 받게 됩니다. 평소에는 너무 잘맞는 잉꼬부부로 생각했는데 싸움이 시작되면 걷잡을 수 없이 격해져 상담을 의뢰하게 되었습니다.

Tip 서로 사랑하는 마음은 가득한데 참 안타까운 마음이 듭니다. 부부가 서로 잘 안다고 생각하지만 나와는 다른 '한 사람'임을 명심해야 합니다. 아울러 동갑내기로 경쟁 구도에 있는 선상에 있음을 볼 수 있습니다. 이 부부는 많은 추억을 공유하며 살았기에 부부싸움이 시작되어 선을 넘는다 생각하면 둘만의 추억의 장소나, 물건 등을 서로 정하여 이야기하며 둘만의 브레이크타임을 만들 필요가 있습니다. 그러면서 조절을 서로 해야 합니다. 처음에는 매 순간 서로 노력이 필요할 듯 싶습니다. 더 많은 격한 말과 싸움은 서로에게 큰 상처만 남길 뿐입니다. 아울러 연애생활과 결혼 생활은 다른 부분이 많습니다. 대화가 잘되는 부부 이기에 서로 원하는 부분에 대해 이야기를 하며 소통을 잘 해나가는 것이 더더욱 필요합니다.

06

데미의
『빈 화분』

    임금님이 왕위를 물려 줄 후계자를 뽑는다고 해요. 임금님이 준 꽃씨를 1년 동안 정성을 다해 키워 화분을 잘 가꾼 아이에게 왕위를 물려준다는 조건이었어요. 많은 아이 가운데 '핑'도 임금님께서 내린 특별한 꽃씨를 받았어요. 그렇게 1년 동안 키운 화분을 들고 모두 임금님 앞에 모였어요. 아이들은 꽃을 피운 화분을 가져와서 자신의 것이 뽑히기를 바랬어요. 그런데 '핑'의 화분에는 아무 일도 일어나지 않아 울상이었어요. 하지만 핑은 1년이 되어도 여전히 싹을 틔우지 못한 채 빈 화분을 가지고 임금님 앞으로 갔지요. 주변을 살펴보니 다른 아이들의 꽃들은 화려하고 예뻤어요. 마침내 임금님이 '핑'의 화분을 보았어요. 그 순간 '핑'은 그 자리에서 울음보를 터트렸어요. 하지만 임금님은 "내가 찾던 아이가 이 아이다. 내가 너희들에게 나눠 준 씨는 모두 익힌 씨앗이었다"라고 말씀하시는 게 아니겠어요.

① 동일시('감정이입'을 일컬음)

💛 텍스트 수준의 동일시 발문(등장인물에 주목)
- 빈 화분을 선물로 받았어요. 이 빈 화분에 무엇을 심고 싶나요?
- 마지막 결말을 알려주지 않고 만약 내가 '핑'이라면 어떻게 행동할 것 같나요?

💛 내담자 수준의 동일시 발문(내담자 경험, 호·불호)
- 이 책을 보고 제일 기억에 남거나 인상 깊었던 장면은 어떤 것인가요?
- 그 장면을 통하여 어떤 기억이 떠올랐는지 이야기해 보세요.
- 이 책을 읽고 난 후 느낌은 어떠한가요?
- 지금의 내 모습을 생각해 이야기해 보세요.

② 카타르시스

화와 배설, 정신분석에서는 마음의 상처나 콤플렉스를 밖으로 발산시키는 치료법을 의미한다.

💛 텍스트 수준의 카타르시스 발문(등장인물의 희로애락)
- 싹이 튀지 않는 씨앗을 나누어준 임금의 성격이나 성품은 어떠한가요? 싹 트지 않는 씨를 보면서 아이들의 생각은 어떠했을지 이야기해 보세요.
- 특별한 꽃씨를 임금이 나누어 줄 때, 나라면 어떤 기대를 했을까요? 탐스러운 화분을 임금님 앞에 가지고 나타났는데 찌푸린 얼굴을 봤을 때의 어떤 생각이 들었을까요?

💛 내담자 수준의 카타르시스 발문(이야기를 거울로 가정법 사용)

- 한 해 동안 꽃을 피우지 못한 '핑'의 감정은 어떠했을까요? 혹시 큰 노력을 기울였음에도 불구하고 계속된 좌절의 경험이 있다면 구체적으로 이야기해 보세요.
- '핑'은 빈 화분 때문에 자신이 못난이처럼 느꼈고 다른 애들한테 놀림을 받을 것 같았다. 그러나 '핑'의 아버지는 "정성을 다했으니 됐다. 네가 쏟은 정성을 임금님께 받쳐라"라고 말했을 때 핑은 어떤 마음이 들었을까요? 나의 주변에 '핑'의 아버지와 같은 인물이 있나요?

③ 통찰

갈등의 해결에 도움 되는 깨달음의 의미로 사용되며, 통찰에서 지적 통찰과 정서적 통찰이 있다고 한다.

- 나라면 '빈 화분'을 보고 어떤 결정을 내렸을까요? 임금과 '핑'이 중요시하는 덕목이 무엇이라고 생각하나요?
- 아이를 키우는 부모의 마음과 양육의 태도에 대해 자신의 견해를 이야기해 보세요.

④ 사진 치료적 접근

♥ 느낌 나누기

♥ 느낌 나누기

⑤ 음악 치료적 접근

• 소리새 '꽃이 피는 날에는'

⑥ 영화 치료적 접근

• 영화 '템플 그랜딘'   • 영화 '미쓰 와이프'

사례 적용

동거남에 대한
의부증과 관계 정리, 자신의 결핍

    남편과 5년째 별거 중인 40세 전업주부다. 남편 모르게 동거 관계를 맺고 있는 남자가 있다. 어느 날 그 남자의 성(性)관계가 문란한 것을 의심하기 시작하면서 심적 괴로움은 시작되었다. 그 남자를 의심하면서도 본남편과는 이혼하고 지금 사귀는 그 남자와는 헤어지기 싫어한다. 하지만 날이 지날수록 그 남자를 믿지 못하여 분노감이 높아져 가고 있다. 의심하는 마음 아울러 '의부증'을 진단받을 만큼 상태가 심각해졌다.

    이 전업주부의 성장 배경을 살펴보면, 맞벌이 부모 밑에서 성장해 경제적으로 넉넉했지만, 상호작용이 부족하고 애착 형성이 원활하지 못했고, 욕구가 좌절된 채 성장기를 보내야 했다. 자신이 원하는 충만한 사랑이 아닌, 부모 처지에서의 방임과 '물질(돈)'로 해결하려는 일방적인 사랑 표현으로 인해 늘 외로움에 사로잡혀 있어야 했다.

    그러다 보니 남편이 나름 진실한 사랑을 하고자 애썼을지 몰라도 그녀는 그러한 감정을 느끼지 못했다. 그러다 보니 또 다른 사랑을 찾아다닌다. 그런데 문제는 점점 더 가학적인 사랑을 찾아 헤매는 듯 보인다. 동거남은 전업주부의 부(富)를 이용하였고, 그녀는 그러한 사실을 알면서도 자신의 고독감에서 벗어나지는 못한다. 그러다 보니 동거남에게 자신이 원하는 형태의 사랑만을 요구한다. 시간이 흐를수록 일방적인 요구 패턴에 갈등의 골이 깊어진다. 전업주부는 우유부단하고 의존적이어서 결정을 잘 내리지 못한다. 그래서 동거남의 결단이 필요하다. 동거남은 계속해서 물질적인 측면을 채우는 데 그녀를 이용할 것인지 아니면 과감히 각자의 건강한 삶을 위해 헤어져야 할 것인지를 선택해 결정해야 한다.

Tip
① 자신의 열등감이 어떤 형태로 변형되어가고 있는지를 탐색해 볼 필요가 있다.
② 지나친 의존성에서 벗어나 자율적이고 책임감 있는 삶을 살 수 있도록 도움이 필요하다.
③ 동거남과 갈등을 해소하기 위해서 현실을 제대로 인식하는 것도 중요하다.
④ 동거남을 의심하는 그 원인을 찾아 자신의 불안을 감소시킬 필요가 있다.
⑤ 자기를 먼저 이해해야 타인을 이해할 수 있다. 누구나 진정한 자기 탐색이 필요하다.
⑥ 현재 상황에서 심리적 갈등, 심리적 거리, 심리적 안정감 등을 고려하여 최대한 빠른 시일 내 정리정돈이 필요하다.

학교폭력 가해자를 상담하는 상담자의 선택

학교 청소년상담복지센터에서 학교폭력 가해자로 상담한 만 14세 소년 A 사례다. 학교 담임선생은 A의 상담이 어떻게 진행되는지 궁금해한다. 그래서 구두로 A가 좋아지고 있는 점에 대해서 알려드렸으나 상담 윤리에 준거해 구체적으로 A와 어떤 이야기를 나누었는지는 알려드리지 않았다. 그런데 A의 담임선생은 다짜고짜 그동안 어떤 내용을 상담했는지 서류로 만들어 달라고 했다. 그 이유를 물어보니 교장선생이 궁금해한다는 거였다.

이처럼 상담내용과 관련해 상담 의뢰자의 소속 기관의 장이나 상급자가 열람을 요구할 경우 참으로 난감하다. 소속 지자체 감사, 의회 감사, 행정 감사 등 감사 자료 제출 시 상담 효과에 대해 질의하면서 상담 진행 과정에 대한 자료 요청을 해오는 경우 어떤 자료를 어떻게 제출해야 할지 혼란스럽기까지 하다. 그래서 일단, A와 협의해서 상담내용을 학교에 제출해야 하는 지에 대해 의견을 최대한 존중한 후 가부간에 대해 선택하기로 했다.

Tip 상담자는 원칙적으로 내담자가 아닌 사람에게 상담내용 또는 자료를 알려주어서는 안 된다. 하지만 해당 내담자의 동의를 구한 경우, 상담자·내담자 또는 제3자의 생명·재산 등에 침해 또는 위급하고 곤란한 상황의 발생을 미연에 예방하거나 법적으로 상담자료 등을 제공해야 할 경우에는 예외로 한다. 내담자의 담임선생, 교장선생이 내담자에 대한 상담 자료를 요청한 것은 특별한 사정이 없는 한, 법에 저촉될 소지가 높아보이므로 상담자는 위와 같은 요구를 받는 경우 청소년복지 지원법 제37조를 근거로 거절해야 할 것으로 보인다.

다만, 구체적인 상담내용을 공개하지 않는 선에서 학교 내 내담자 지도에 도움이 될 만한 조언을 하는 정도는 위 '비밀유지 의무'에 저촉되지 아니할 것으로 보인다. 정부 또는 지자체의 경우에도 청소년복지지원법 및 관련 법률에 따르면 별도로 상담자료의 제공을 요청할 수 있는 권한이 없는 것으로 판단된다. 위와 같은 공개 요청을 받은 경우, 청소년복지 지원법 제37조를 적시해 그 공개를 거절함과 동시에 정부기관 등에 내용 공개를 요청한 구체적인 법적 근거를 요청해야 한다.

[출처: 청소년 상담복지에 관한 윤리적·법적 대응 매뉴얼]

07

허은미의
『백만 년 동안 말 안 해』

허은미 작가는 두 딸의 엄마로서 공정하고 안전한 세상 만들기에 관심이 많다고 한다. 허 작가의 그림책은 "따스한 햇살이면서 동시에 따가운 뙤약볕"이라는 평을 받는다. 그의 저서로는 [울퉁불퉁 화가나] 등이 있다.

A: 엄마는 너무해. 아빠도 정말 너무해. 언니도……

B: 왜 그렇게 생각하니?

A: 엄마는 내가 제일 좋다면서 툭하면 나한테 화를 내고, 아빠는 늦게까지 텔레비전 보면서 나보고만 일찍 자래요. 언니도 이 세상에서 자기만 예쁘고 자기만 똑똑하고, 자기만 날씬한 줄 알아. 정말 너무해. 엄마, 아빠, 언니는 하고 싶은 것 모두 하면서 나한테만 하지 말라고, 안된다고! 백 만 년 동안 절대 말 안 하고 싶어! (내 마음도 몰라주는 가족이 필요 없다고 생각했다.) 그런데 내가 없다고 울기라도 하면, 나 없이 속상해할 가족을 생각하면 내가 한 번 참

아야지!

① 동일시('감정이입'을 일컬음)

💚 텍스트 수준의 동일시 발문(등장인물에 주목)
- 백만 년은 어떤 의미로 느껴지나요?
- 주인공의 나이를 추정한다면? 그 시절의 나의 모습이나 부모·자녀의 모습을 생각해 보며 이야기해 보세요.

💚 내담자 수준의 동일시 발문(내담자 경험, 호·불호)
- 이 책을 보고 제일 기억에 남거나 인상 깊었던 장면은 어떤 것인가요?
- 그 장면을 통하여 어떤 기억이 떠올랐는지 이야기해 보세요.
- 이 책을 읽고 난 후 느낌은 어떠한가요?
- 지금의 내 모습을 생각해서 이야기해 보세요.

② 카타르시스

정화와 배설, 정신분석에서는 마음의 상처나 콤플렉스를 밖으로 발산시키는 치료법을 의미한다고 한다.

💚 텍스트 수준의 카타르시스 발문(등장인물의 희로애락)
- 부모의 모습을 통해 느끼는 아이의 '화'는 무엇일까요?
- 그림책에 나오는 부모가 나의 부모라면 또는 내가 부모라면 어떤 감정이 들까요?
- 편지를 써 놓고 땅속으로 들어갔는데 그 편지의 내용은 어떤 내용이었을까요?

- ♥ 내담자 수준의 카타르시스 발문(이야기를 거울로 가정법 사용)
  - '실'이 주는 의미는 무엇일까요?
  - "백만 년 동안 말 안 해"라고 말하고 싶을 때 나는 땅속에서 무엇을 할까요?
  - 가족들을 다시 만났을 때 가족들의 반응에 대한 각자의 생각을 이야기해 보세요.

③ **통찰**

갈등의 해결에 도움 되는 깨달음의 의미로 사용되며, 통찰에서 지적 통찰과 정서적 통찰이 있다고 한다.

- 현재의 나의 모습을 바라보면서 가족에서의 나의 위치

④ **사진 치료적 접근**

♥ 느낌 나누기

⑤ 음악 치료적 접근

- 베토벤 '운명' 교향곡
- 비와 함께 듣는 베토벤 소나타

⑥ 영화 치료적 접근

- 영화 '힐빌리의 노래'
- 영화 '서복'

사례 적용

자녀의 게임중독을 의심하는 부모, 폭력을 사용하는 아버지

중학교 2학년인 15살의 남학생을 둔 부모와의 상담내용이다. 아들의 평소 성격은 예민하고 어떠한 문제가 발생했을 때 빨리 해결하고 싶어 하는 마음이 강하다. 아버지는 가끔 아들에게 게임을 새벽까지 한다는 이유로 분노를 참지 못하고 폭력을 행사하기도 한다. 아버지는 아들의 학교생활이나 교우 관계 등 관심은 전혀 없으면서 평소에 학원비 등 사교육비가 많이 들어가는 것에 대한 불만이 크다. 어머니는 교육비 지출 문제를 차치하고서라도 차라리 대안학교를 보내고 싶어 하나 남편은 이를 전혀 받아들이려 하지 않다 보니 오히려 부부 사이에 갈등만 고조되고 만다.

한편 아들은 자기 문제로 부모가 싸우는 것을 자주 목격하게 되면서 공부와는 더욱 멀어지게 되고, 집을 벗어나고 싶어만 한다. 오롯이 자신의 스트레스를 푸는 방법으로 게임밖에 다른 대안을 찾지 못했다. 갈등의 골이 깊어질 대로 깊어진 부모와는 대화 자체도 전혀 하지 않는다. 이야기를 들어주는 게 아니라 강압적이고 억압적인 부모의 교육방침에 숨이 막힐 것만 같다. 아들의 뇌리에는 '집은 지옥'이라는 생각이 가득하다.

아들은 부모와의 갈등이 극심해지면서 게임에 더 몰입하게 된다. 안타깝게도 분노를 조절하지 못하는 아버지의 폭력은 갈수록 심각해져만 간다. 골프채로 아들의 머리를 때려서 피가 나는 경우도 있고, 컴퓨터 모니터를 깨는 것은 다반사다. 어머니는 그러한 남편을 두려워하고 무서워한다. 아버지는 가끔은 어머니에게도 폭력을 행사하곤 한다.

> **Tip**
>
> ① 평정심을 잃어가는 아버지의 폭력은 무엇 때문에 더 격해지는지에 대해 탐색해 보자.
> ② 부모는 청소년기 아이의 특징에 대해서 얼마나 이해하려고 노력했는지를 생각해 봐야 한다.
> ③ 부모 자신의 부정적 감정을 자각하고 불편한 정서를 직시하며 자신들의 행동에 책임감을 지니는 게 부모에게 필요하다.
> ④ 부모와 자녀 각각의 욕구와 감정에 대해서 알아야 할 필요가 있다.
> ⑤ 자녀의 이야기를 자녀 처지에서 공감하고 이해하고 수용할 수 있도록 경청(傾聽·귀를 기울여 들음)이 필요하다.
> ⑥ 자녀의 현재 상황에 맞는 실현 가능한 행동이 무엇인지를 파악하고 실제적인 도움을 주는 것도 한 방법이 된다.
> ⑦ 부부의 일관된 교육관에 대해 부모 코칭을 받아야 한다.
> ⑧ 자신의 감정을 다스리는 감정 자각 기법 등을 익히도록 해야 한다.

다문화 학생의 상담 사례

　내담자는 일본인 아버지와 한국인 어머니를 둔 국제결혼 가정의 자녀로 중학교 1학년 남학생이다. 내담자는 일본에서 태어나 초등학교에 다니다가 최근 한국으로 돌아와 중학교에 입학한 중도 입국 다문화 학생이다. 아버지가 한국으로 일하러 왔을 때 엄마를 만나 결혼하고, 일본에서 함께 생활했다. 그런데 부모의 이혼으로 인해 엄마와 함께 한국으로 돌아와 외할머니와 함께 거주하고 있다. 예전에 외할머니를 만나러 한국을 자주 오고 갔으며, 어머니와 한국어로 소통하였기에 의사소통에 대한 어려움은 없다.

　내담자는 일본에서 태어나 생활하다가 한국으로 오게 되어 한국문화와 학교생활이 어색하고, 정체성의 혼란도 겪고 있다. 자신이 일본에서 온 사실을 알면 친구들이 놀리고 학교생활도 힘들어질 거라고 여겨서 자신이 다문화 학생인 것을 숨기고 싶어 한다.

　외모에서는 다문화 학생이라는 게 드러나지 않아 아버지가 일본인이고, 자신이 일본에서 왔다는 사실을 밝히지 않으면 대부분은 잘 모른다. 하지만 말을 하게 되면 발음이 어눌해서 금방 들킬 것 같아 불안해하는 마음이 커서 친구들 앞에서는 거의 말을 하지 않으려고 한다. 이로 인해 또래 관계에 어려움이 있다. 교실에서는 말이 거의 없이 혼자 앉아 있는 경우가 많다. 모둠학습을 해야 하면 참여하지 않으려고 해서 모둠을 같이 하고 싶어 하는 친구가 없다. 친구들과 이야기하는 모습을 볼 수 없고, 교사의 질문에도 답을 하지 않고 고개를 끄덕이는 정도로 의사 표현을 한다. 담임교사가 여러 차례 상담을 시도하였으나 간단한 대답 이외에는 아무것도 말하려고 하지 않는다. 점심 급식 시간에도 교실에 혼자 엎드려 있는 모습을 자주 보인다. 시간이 지날수록 점점 더 무기력하고 우울해지는 경향을 보인다.

> **Tip** 내담자에게 상담현장은 안전한 심리적·물리적 공간으로 기능해야 한다. 상담자는 공감적 이해, 무조건적 긍정적 존중, 진실성을 바탕으로 한 지지적 접근을 통해 결핍된 능력(관계 형성·의사소통능력·자아 정체감·우울 증상 등)을 증대하는 작업을 수행하고자 한다.
>
> 상담자의 상담계획은 주로 내담자의 외현화(外現化) 된 문제들이나 문제행동들에 초점을 두고 계획한다. 본 사례는 내담자의 심리적 문제에 초점을 두고 문제 해결을 시도했다는데 큰 의미가 있다. 일반적으로 내담자의 행동 패턴이나 문제행동은 심리 내적인 동인에 근거해 표출되는 경우가 대다수이다. 그러므로 본 사례에서는 상담 회기 동안 초점을 두고 진행해야 하는 부분들이 인지 왜곡으로 인한 피해의식·자기중심적 사고로 인한 퇴행적 사고와 행동들이다.

[출처: 다문화학생 상담사례집]

08

최숙희의 『괜찮아』

개미는 작고, 고슴도치는 가시가 많고, 뱀은 다리가 없고, 타조는 날지 못하고, 기린은 목이 너무 길어 보인다. 동물들은 "괜찮아"라고 말하며 자신들의 장점을 말한다. 개미는 힘이 세고, 고슴도치는 몸에 난 가시로 인해 사자도 무섭지 않고, 뱀은 어디든지 잘 기어가고, 타조는 말보다 빠르다. 기린은 "나는 높은 곳까지 닿는다"라고 말하면서 주인공에게 "그럼 너는?"이라고 되묻는다. 여자아이는 "괜찮아! 나는 세상에서 가장 크게 웃을 수 있어"라며 매우 크게 웃는다. 크게 웃는 여자아이도, 책에 등장하는 동물 친구들도 자신의 장점에 대해 당당하게 말한다.

① 동일시

♥ 텍스트 수준의 동일시 발문(등장인물에 주목)
- 주인공의 성격은 어떤가요?
- 이 책에 나오는 동물들의 장점을 더 찾아보세요.
- 당신에게도 겉으로 보이는 사실적 현상과 다른 내적인 무한한 가능성의 요인이 있나요?
- 이 그림책의 주인공들처럼 당신에게도 괜찮은 비교우위 강점이 있나요?

♥ 내담자 수준의 동일시 발문(내담자 경험, 호·불호)
- 당신은 어떠한 스타일의 사람인가요?
- 이 책 그림 중에 맘에 드는 부분이나, 인상적인 동물이 있나요?
- 당신은 주인공을 어떻게 생각하나요?
- 내가 바라본 세상과 타인이 바라 본 세상은 어떠한가요?

② 카타르시스

정화(淨化)와 배설(排泄)을 뜻하는 그리스어로 정신분석에서는 무의식 속에 잠겨 있는 마음의 상처나 콤플렉스를 밖으로 발산시키는 치료법을 의미한다.

♥ 텍스트 수준의 카타르시스 발문(등장인물의 희로애락)
- 많은 동물이 등장하고 있어요. 각 동물의 특징을 말했을 때 내 주변에도 그러한 동물들과 비슷한 특성을 가진 누군가를 떠올려 보세요. 그 사람들에게 해 주고 싶은 말이 있나요?
- 책에 나온 동물들이 나에게 말을 걸 때 내 기분은 어떨까요?
- 이 책에 나온 동물 이외에 다른 동물들을 생각해 보세요.
- 왜 그 동물로 표현했나요?

♥ 내담자 수준의 카타르시스 발문(이야기를 거울로 가정법 사용)
- 만약 당신이 주인공이었다면, 당신은 자신의 장점에 대해 어떻게 표현하고 싶나요?
- 어릴 적 나의 단점들이 장점으로 바뀐 모습을 본 당신은 어떤 느낌이 들었나요?
- 주인공처럼 또 다른 누군가에게 비춰는 모습만을 듣는다면 당신의 기분은 어떠한가요?

③ **통찰**

갈등의 해결에 도움 되는 깨달음의 의미로 사용되며, 통찰에서 지적 통찰과 정서적 통찰이 있다.

♥ 텍스트 수준의 통찰 발문(다른 시각)
- 내가 아닌 다른 존재로 사는 것은 나에게 어떤 의미가 있을까요?
- 그러한 삶은 나를 어떻게 바꿔 놓을까요?
- '괜찮아'라는 단어가 나에게 의미하는 바는?
- 나의 건강함을 깨닫고 자신에게 자신감 있게 말을 표현해 보세요.
- 진정한 내 목소리를 낸 적이 있다면 그 당시의 느낌은 어떠했나요?

④ 사진 치료적 접근

● 느낌 나누기

⑤ 음악 치료적 접근

- 강산에 '넌 할 수 있어'
- 자탄풍 '너에게 난 나에게 넌'

⑥ 영화 치료적 접근

- 영화 '행복을 찾아서'
- 영화 '내겐 소중한 너'

사례 적용

자주 놀라는 아이의 마음을 잘 읽어주자!

"선생님, 제 딸이 지금 중학교 2년입니다. 중학교 1학년 때 갑작스럽게 그만 뒀던 선생님이 약간의 우울증 증세가 있어서 다른 친구에게 버럭 화를 내는 모습을 보고 그 뒤로 아이의 행동이 달라졌어요, 작은 소리에도 깜짝깜짝 놀라기도 합니다. 평상시에 그 선생님을 참 좋아했었거든요. 저도 그 얘기를 듣고 놀라긴 했지만, 아이에게 영향을 끼치리라고는 생각하지도 못했습니다. 시간이 지났다고 생각했는데, 지금도 어떤 소리에 많이 놀라곤 합니다."

이러한 딸을 바라보는 어머니는 늘 걱정스럽고 우울한 감정을 보일 때가 많다. 오히려 딸은 괜찮은데도 어머니의 근심 걱정으로 인해 기억하고 있지 않은 일들도 기억을 떠올려야 하는 경우도 있다. 딸은 그런 어머니가 조금은 짜증이 나면서도 어머니가 자기를 걱정스러워하는 마음을 알기에 아무 말도 안하는 경우가 많다. 즉 어머니가 걱정하는 만큼 딸은 아무렇지도 않다고 한다.

Tip
① 흔히 이런 경우를 '외상 후 스트레스 증후군'이라고도 한다. 외상 후 스트레스는 사람마다 받아들이는 정도에 따라 심리적 반응이 다르다. 그 선생님이 계셨더라면, 상황 설명을 하고 아이를 달래주면 좋은 방법이 된다. 지금 상황에서는 최대한 아이의 마음을 헤아려주는 것도 좋다.

② 부모가 아무런 문제가 없더라도 부모의 마음부터 점검하는 게 꼭 필요하다.

③ 그다음 자녀와의 문제를 살피고, 자녀의 마음읽기 노력을 기울여야 한다. '마음 읽기'를 잘해야 자신을 제대로 간파하고 이해할 수 있다.

④ 부모와 자녀가 가지는 각자의 기질적인 성향을 파악하는 것도 중요하다.

⑤ 기질을 토대로 주어진 환경에 적응하고 변화하는 자신을 탐색해 보는 것도 도움이 된다.

감정노동은 진짜 괜찮을까?

　사람들 상대하는 일을 하는 나는 늘 스트레스를 받고 육체적으로 너무 힘이 듭니다. 친절한 미소와 상냥한 말로 고객들은 응대하다 보면 일을 그만두고 싶을 때가 한두 번이 아니랍니다. 하지만 그렇게 결단하는 것도 쉽지 않아 그저 하루하루 버티며 살아갑니다. 매달 월급을 받을 때면 그나마 백수가 아닌 게 어디냐며 나에게 위로도 해 봅니다. 이렇게 매일 현실과 타협하며 사는 제 자신이 너무나 한심하게 느껴지기도 합니다. 그런데 막상 그만 두게 되어도 구체적으로 뭘 해야 할지 모르겠더라고요. 다른 사람의 SNS를 볼 때면 각자 하고 싶은 일을 하면서 즐겁게 사는 것 같은데, 저만 억지로 버티고 있는 것 같아서 초라해지고 자괴감마저 듭니다. 매일매일 이러지도 저러지도 못하고 후회와 고민 사이를 왔다 갔다 합니다.

　Tip 우리 삶에서 일(job)이 차지하는 비중은 높은 편입니다. 많은 사람이 일에서 인생의 의미를 찾기도 합니다. 그래서인지 현재 하고는 일이 만족스럽지 못하면 왠지 인생이 허무하고 텅빈 듯한 공허함마저 들게 됩니다. 우리는 다른 사람과 나를 비교하면서 장점을 찾아내고 그걸로 위안을 삼기도 합니다. 하지만 그 반대가 되면 우리는 더욱 심한 상대적 박탈감을 느끼고 스스로 불행하다고 여깁니다. 결국에 다른 사람과 나를 비교하는 것은 답이 될 수 없습니다. 그렇게 계속 비교하는 인생을 살아봤자 불행한 것은 그 누구도 아닌 '나'이기 때문입니다.

좋아하는 일을 하며 산다는 것은 즐겁고 행복한 일입니다. 그리고 이미 익숙해진 일을 그만둔다는 것은 쉬운 선택은 아닐 겁니다. 하지만 우리에게 꼭 하나의 선택지만 있는 것은 아닙니다. 지금 하는 일은 지금 그대로 하면서 좋아하는 일을 취미로 시작해보는 것도 즐거운 도전일 겁니다. 이러한 과정을 통해서 내가 정말 좋아하는 일인지도 확인해 보는 기회일 수도 있습니다. 인생의 진정한 의미는 내가 나 자신에게 주는 겁니다. 내 인생을 사는 것도 바로 '나'입니다. 시도하지 않으면 앞으로 한 발자국도 나아갈 수 없습니다. 이런저런 핑계를 대며 그 자리에 머물러 있는 것은 우리들 더 고달프게 합니다. 그동안 타협과 회피하던 삶의 태도에서 행복해 질 수 있는 방향으로 전환해 나아가길 바랍니다.

09

조미자의
『불안』

    '사랑·행복·기쁨과 함께, 불안도 내 안의 감정', 내 안의 또 다른 감정, '불안' 그런데, 불안이 정확히 뭘까? 때때로 나를 어지럽게 하고, 나를 무섭게 하고, 어느 순간 사라졌다가 또다시 나타나 나를 놀라게 하는 '불안', 어느 날 용기 내어 그것을 만나기로 작정하고 끈을 잡아 온 힘을 다해 잡아당겨 본다. 그 결과 아주 커다랗고 무서운 오리(불안)을 만나게 된다. 내가 어디에 있어도, 넌 날 졸졸 따라다녀. 아직 네가 두려울 때도 있지만, 어쩌면 불안이란 널, 나에게 사랑·행복·기쁨처럼 또 다른 감정 중 하나라는 걸 알려 주고 싶은 건 아닐까? 이제는 무섭고 외면하고 싶었던 나의 감정과 이야기를 나눠볼 시간이 되었나요.

① 동일시 ('감정이입'을 일컬음)

💚 텍스트 수준의 동일시 발문(등장인물에 주목)
- 주인공의 성격은 어떤가요?
- 주인공처럼 누구 잠을 못 이룬 경험이 있었다면 어떤 상황이었는지 이야기해 보세요.
- 끈을 잡아당기면 나의 어떠한 감정들이 올라올까요?

💚 내담자 수준의 동일시 발문(내담자 경험, 호·불호)
- 이 책을 보고 제일 기억에 남거나 인상 깊었던 장면은 어떤 것인가요?
- 그 장면을 통하여 어떤 기억이 떠올랐는지 이야기해 보세요.
- 이 책을 읽고 난 후 느낌은 어떠한가요?
- 지금의 내 모습을 생각해서 이야기해 보세요.

② 카타르시스

정화(淨化)와 배설(排泄)을 뜻하는 그리스어로 정신분석에서는 무의식 속에 잠겨 있는 마음의 상처나 콤플렉스를 밖으로 발산시키는 치료법을 의미한다.

💚 텍스트 수준의 카타르시스 발문(등장인물의 희로애락)
- 불안이 올라올 때 대처방안이 있나요?
- 그림자 아이가 나에게 말을 걸 때 내 기분은 어떨까요?
- 그림자 아이에게 무슨 말을 해 주고 싶나요?

💚 내담자 수준의 카타르시스 발문(이야기를 거울로 가정법 사용)
- 만약 당신이 주인공처럼 혼자서 불안과 맞서야 한다면 당신의 기분은 어떨까요?

- 어릴 적 나의 애처로운 모습을 본 당신의 마음은 어떨까요?
- 주인공처럼 또 다른 사람이 불안 때문에 작아진 것을 본다면 당신의 기분은 어떨까요?

③ **통찰**

갈등의 해결에 도움 되는 깨달음의 의미로 사용되며, 통찰에서 지적 통찰과 정서적 통찰이 있다고 한다.

♥ 텍스트 수준의 통찰 발문(다른 시각)
- 그림책의 주인공이때때로 나를 어지럽게 하고, 때때로 나를 무섭게 하는 측면과 관련해 어떠한 것을 들 수 있나요?
- 두려움에서 벗어나는 나만의 비법이 있다면 무엇인가요?
- 시간이 흐른 뒤 내 안의 감정과 만났을 때 그 감정은 어떤 생각과 말을 이야기해 줄까요?

♥ 내담자 수준의 통찰 발문(문제 해결 방법과 깨달음)
- 당신이 만약 주인공이었다면 어떤 방법으로 불안을 대면하였을까?
- 당신이 만약 세상에 혼자인 듯 느끼는 사람에게 어떻게 말해주고 싶나요?
- 불안과 이야기 할 수 있다면 어떤 이야기를 나눌 수 있을까요?

④ 사진 치료적 접근

♥ 느낌 나누기

♥ 느낌 나누기

♥ 느낌 나누기

⑤ 음악 치료적 접근

- 알로하오에(부산행 OST)
- 인순이 '거위의 꿈'
- 산디아 '어른'

⑥ 영화 치료적 접근

- 영화 '히든 피겨스'
- 영화 '세 자매'

사례 적용

집착과 대인기피증에서 오는 우울과 불안장애

　요즘 정신과에서 우울과 불안장애로 약을 복용 중인 20대 여성이다. 그녀는 우울과 불안, 그리고 공황발작, 대인기피증 등으로 인해 자살 충동까지 느껴야 했다. 그러던 어느 날 친구 소개로 남자친구를 만나게 되었다. 처음부터 마음에 들었는지 상대방 남자보다 그녀가 더 많이 좋아하면서 매달리게 되었다. 하지만 점점 두려워졌다. '저 사람은 나를 좋아하긴 한가? 혹시 나를 버리고 도망가지는 않나?'라고 염려에 사로잡히다 보니 불면증에 시달리기도 하였다. 이러한 현상들이 심해질수록 대인관계에 대한 회의감은 증폭되고 공황장애 증상은 심해지고 자해 빈도 역시 늘어났다. 남자친구는 자신에게 너무 집착하는 그녀가 부담되어 사전에 이야기도 없이 연락을 단절해버렸다. 그녀의 충격은 이루 말할 수 없었다. 자신이 만든 '비합리적 신념'이 맞았다는 것에 대한 분노와 자책 등에 시달리고 있다. 이러한 딸이 걱정된 어머니는 식사를 정성껏 차려주거나 되도록 딸을 이해해 보려고 나름 애썼다. 하지만 딸은 밥을 며칠 동안 먹지 않으면서 죽어야겠다는 생각으로 우울증 증세는 더 깊어갔다. 참고로 그녀의 어머니와 비교해 아버지는 상당히 엄격하시고 보수적이었다. 아버지는 그런 딸에게 언성을 높여가며 짜증과 화를 뿜어낸다.

Tip
① 대인관계 안에서 자신의 욕구를 탐색한다.
② 탐색 후 그것이 자신의 행동에 어떤 영향을 주고 있는지를 알아본다.
③ 자신의 심리적 증상과 순간순간 일어나는 감정의 원인을 파악해 본다.
④ 자신을 어떻게 인식하고 있는지를 알아보고 어떤 부분을 수정해 가야 할 지에 대해 숙고해 본다.
⑤ 자신의 비합리적인 신념들에 대해서 적어보도록 한다.
⑥ 자살 사고 및 자해 예방 관련 교육을 받고 그러한 불미스러운 시도의

횟수가 줄어들고 있는지를 체크 해야 한다.

불안이 신체화 증상으로 표출되는 사례

저는 20대 중반 여성입니다. 저는 어릴 때부터 좀 소심하다는 얘기를 듣곤 했습니다. 겁도 많고, 무엇을 결정해야 하면 소화불량 증세와 함께 두통이 수반돼 어떠한 것을 결정하기가 어렵고 모든 게 불안합니다. 일단 불안을 느끼면 계속 생각에 생각이 꼬리를 물어 점점 더 불안해집니다. 손발에 진땀이 나고 가슴이 뛰어 아무것도 할 수 없습니다. 그렇다보니 사람들을 대하기가 두렵고 부정적인 생각만 하게 됩니다.

Tip 불안과 우울은 내재화된 정신장애의 대표적인 문제로, 불면·피로감·초조함과 같은 신체적 증상을 초래합니다. 아울러 불안과 우울은 슬픔, 무력감, 집중력 감퇴, 비현실적 감각 등의 정서 및 사고 장애를 일으킬 수 있습니다. 불안증에 시달리는 증상이 심각하지 않은 경우 스스로 불안감을 다스릴 수 있습니다. 불안은 우울감처럼 우리 스스로 멈추게 할 수 없는 느낌입니다. 불안감이 문제가 되는 것은 불안의 느낌이 왜곡된 생각을 통해 확대하기 때문입니다. 그런데 불안 뒤에 따라오는 생각을 멈출 수 있다면 그로 인한 고통도 없앨 수 있습니다. 아무 일도 일어나지 않았는데 '무슨 일이 일어날 것 같아서 불안하다'라는 생각으로 인해 괴롭기도 합니다. '이렇게 불안한데 아무 데도 못 나갈 거야'와도 같은 부정적인 생각으로 힘들고 불면증에 시달리고 정상적인 생활을 하지 못하게 되는 것입니다.

바로 그러한 생각을 멈추고, 불안하다는 느낌은 그냥 받아들이는 연습을 해보세요. 자기에게 "그래, 불안해 봐라"라고 소리높여 말하면 됩니다. 물론 아무것도 하기 싫으면 아무것도 하지 않아도 됩니다. "괜찮아, 불안한 거 이해해!"라고 하면서 느낌을 다 받아주면 어느새 불안했던 느낌도 사라집니다. 또, 숨을 크게 쉬거나 혼잣말을 해보는 것도 도움이 됩니다. 한번 따라 해보세요. 배가 볼록 들어가도록 숨을 들이마시고 그 상태를 3초간 유지했다가, 조금씩 천천히 끝까지 내뱉으세요. 이러한 행동을 10회를 반복하다 보면 어느새 평온해질 겁니다.

노래목록

그림책	음악	핵심정서
그림자 아이가 울고 있다	비발디 사계 중 겨울 2악장 라데츠키 행진곡	편안하고 따뜻함
겁쟁이 빌리	타자기 협주곡 들국화 '걱정 말아요'	용기와 격려
짖어봐 조지야	쇼팽의 강아지 왈츠 동물농장	희망
두 사람	성시경 '두 사람' 바이브 '그 남자 그 여자'	인내와 수용
백만 년 동안 말 안 해	베토벤 '운명 교향곡' 비와 함께 듣는 베토벤 소나타	위로 격려
괜찮아	자탄풍 '너에게 난 나에게 넌' 강산에 '넌 할 수 있어'	사랑과 인정
불안	산디아 '어른' 인순이 '거위의 꿈'	격려 꿈을 찾아서

다양한 감정을 알아보는 12차시 프로그램

구분	차시	단원명	세부 목표	선정 도서	세부 활동
도입	1	구성원 하나 되기	• 프로그램 목적과 내용 이해 • 집단구성원들 간의 친밀감 형성	• 나는 누구일까요? • 눈은 이름이 참 많아요	• 오리엔테이션 • 약속 정하기 • 서약서 작성 • 자기 소개하기 • 별칭 짓기
자기 이해	2	이해하기 (내가 보는 나)	성격 특성 이해	• 머리에서 • 발 끝까지빈 화분	• 조하리의 창 • MBTI, DISC
자기 이해	3	바라보기 (타인이 보는 나)	나의 대화방식 점검	• 조금 남다른 개미 • 거꾸로 나라에 간 안나 • 짖어봐 조지야	• 샤티어 의사소통 유형 • (시) 삼킬 수 없는 것들
자기 이해	4	바꿔보기 (관점 바꾸기)	자신의 긍정적 감정 경험	• 빨간 나무 • 불안 • 천천히 천천히 천천히	• 자신의 장·단점 • ABCDE 기법 • 비합리적인 생각 이해
자기 상처 보기 (PTSD)	5	감정 알기	다양한 감정 표현	• 겁쟁이 빌리 • 침대 밑에 괴물이 있어요 • 백만 년 동안 절대 말 안해	• 불편한 감정 찾기 • 감정 카드
자기 상처 보기 (PTSD)	6	자기 용서	용서하지 못한 부분 탐색하기	• 터널 • 그림자 아이가 울고 있다	• 과거의 나 • 현재의 나SCT • 편지쓰기
자기 상처 보기 (PTSD)	7	자기 수용 (받아드림)	부정·긍정의 사고와 감정 인정하고 이해	• 엄마의 선물 • 나는 비가 좋아요	• 듣고 싶은 말 듣기 싫은 말 • 싫어 싫어 빙고 게임

	8	둘러 보기	• 주변 사람들 탐색 • 다르다는 것을 이해	• 사냥감은 어디에 • 은행나무처럼	• 버리면 보인다 • 만다라 색칠하기
대 인 관 계	9	욕구 알아보기	• want 이해 및 표현하기 • need 찾기	• 일(one) • 두 사람 • 백만 년 동안 절대 말 안 해	• WDEP 활용하기 (나의 욕구 알기)
	10	나 & 타인 존중하기 (1)	• 자기 존중하는 방법 탐색 • 패밀리 트리를 통한 자신의 위치 & 역할	• 중요한 사실 • 틀려도 괜찮아	• 상황에 따른 존중 행동 • 비(非) 존중 행동을 존중 행동으로 전환하기
	11	나 & 타인 존중하기 (2)	타인을 통해 사랑받고 있는 존재임을 알기	• 맥스 • 지각 대장 존	• 교류분석 • 감정 빙고
종 결	12	우리	자기 있게 말 할 수 있는 용기	• 괜찮아 • 빨리 빨리라고 말하지 마세요	• 내 생각 정리하기 • 소중한 나

다양한 생각을 동일시·카타르시스·통찰로 나누어 볼 수 있다

　독서치료의 촉진 발문 유형은 동일시촉진 발문, 카타르시스 촉진발문, 통찰 촉진 발문이 있는데 이는 다시 텍스트의 수준에서 질문하기와 내담자의 수준에서 질문하기가 있어 총 6개의 유형으로 나뉜다. 정신 분석이론은 독서치료에서 문학작품·치료자·내담자 간의 상호작용 과정에서 일어나는 동일시(identification)·카타르시스(catharsis)·통찰(insight) 개념의 근거를 제시한다.

① 동일시
　동일시는 특정 인물의 태도·감정·행동을 마치 자기 자신의 체험인 것같이 느끼고, 결과적으로 그 태도·감정·행동을 자기 것으로 받아들여 그와 같이 행동하는 무의식적 과정이다. 독서치료의 경우는 독서치료 자료에 나오는 등장인물의 성격·감정·행동·태도를 자기의 내면에 받아들여 그런 상황을 만들게 된다.

② 카타르시스
　정신분석에서 카타르시스는 감정 정화라고 하는데, 치료적 측면에서 볼 때는 내담자의 내면에 쌓여 있는 욕구불만이나 심리적 갈등을 언어나 행동으로 표출시켜 충동적 정서나 소극적인 감정을 발산시키는 것을 말한다.
　독서치료에서의 카타르시스는 책 속 등장인물의 감정·사고·성격·태도에 대한 감상을 표현하면서 일어난다. 이러한 등장인물에 대한 감상을 표현하는 것은 사실 내담자 자신의 내면적인 정서나 사고·성격·태도의 투영이기 때문에 다른 심리치료에서 흔히 볼 수 있는 저항을 받지 않는다. 이러한 카타르시스를 경험하면 부정적 감정에서 벗어나면서 통찰을 체험하게 된다.

③ **통찰**

통찰은 자기 자신이나 자기 문제에 대하여 올바른 객관적 인식을 지닌 것을 의미한다. 독서치료자는 내담자에게 자신과 비슷한 문제에 봉착한 책 속의 등장인물이 어떻게 그 문제를 긍정적으로 해결해 나가는지를 스스로 깨닫도록 도움으로써 통찰이 일어나도록 촉진한다. 따라서 독서치료에서의 통찰은 계속적 치료과정을 통해 책 속 등장인물의 행동을 스스로 깨닫도록 함으로써 내담자 자신의 욕구를 충족시킬 수 있는 카타르시스를 동반한 감정적 통찰력을 갖게 한다.

제3장

문학적 치유의 의미

문학적 치유의 의미

문학 치료는 말하기·듣기·읽기·쓰기로 구현되는 문학 활동을 통해 한 인간의 개인적인 삶을 재발견하고 재구성함으로써 삶의 주체가 되는 동시에 '세계·나·존재'로서의 관계를 새롭게 형성해갈 수 있도록 도움을 준다.

이러한 문학 치료는 개개인의 주체성을 확립하고 인간과의 관계성을 회복하는 것을 목표로 삼는다. 이를 이끌어 가는 건 자기 자신임을 확인하게 되는 과정이기도 하다. 문학은 자신에 대한 저항감을 덜어줄 수 있고 흥미를 유발하는 동시에 자연 치유적 효과를 가져온다. 문학을 통해 자신 내면의 갈등과 갈등의 원인, 내적 욕구를 발견하고 자기와 타인은 물론 주변 환경을 수용하고 이해하는 데 도움이 된다.

1. 독서치료에 대해서

　독서치료는 일기, 인쇄된 글, 시청각 자료, 노랫말 등 다양한 문학작품을 매개로 일대일이나 집단으로 토론·글쓰기 등의 방법으로 당면한 문제를 해결하는 치료법이다.
　표현예술치료로서의 독서치료는 내담자 내면세계의 감정을 발견하고, 통찰하고, 표현해내는 과정을 통해서 치료를 촉진하는 것을 말한다. 우리가 생각할 수 있는 것은 말이나 글로 표현할 수 있고, 그러한 말이나 글로 표현된 것으로 소통을 원활하게 할 수 있다.
　그런데 상담(치료)은 이 과정의 역 방향성도 가능하다고 전제한다. 대화나 상담과 같은 의사소통 행위를 통해서 내담자는 말과 글로 더 잘 표현할 수 있다. 아울러 이러한 표현을 통해서 모호했던 개념·생각·감정들이 명료화될 수 있다.
　'독서치료(Bibliotherapy)'라는 말의 어원은 'biblion(책·문학), 'therapeia(도움되다, 의학적으로 돕다, 병을 고쳐 주다)'라는 그리스어에서 유래했다. 책을 사용해 정신 건강을 증진하는 의미가 있다. 배쓰 돌(Bath Doll)과 캐롤 돌(Caroll Doll)은 "전반적인 발달을 위해 책을 사용하며, 책은 독자의 성격을 측정하고 적응과 성장, 정신적 건강을 위해 사용되기도 하는데 그 책과 독자 사이의 상호작용 과정이 독서치료"라며 "선택된 독서 자료에 내재해 있는 생각이 독자의 정신적 또는 심리적 질병에 치료의 영향을 줄 수 있다는 개념"이라고 지적했다.

따라서 독서치료의 의의는 책의 힘을 이용해 표면화되지 않았던 마음의 상처를 인지적 접근으로 들춰내고 사고패턴의 변화를 유도하는 데 있다. 아울러 마음의 자정 능력을 키우고, 상처를 완화하거나 치유하는 데 있다. 그 과정에서 미처 알지 못했던 자신의 심리, 정서적인 상황을 이해할 수 있다. 체험적인 활동으로 자기 표출을 도와 긍정적 자기 강화를 돕기도 한다. 아울러 정서적으로 건강하지 못한 사람들에게 적절한 처방과 문제 진단에 유용하게 사용된다.

한편 슈랭크(Shrank)와 엥겔스(Engels)는 "'독서치료'란 개인이 자신과 환경을 이해하고, 다른 사람들로부터 배우고, 문제해결책을 찾을 수 있도록 독서를 통하여 지도하는 것"이라고 정의했다. 그리고 손정표는 "독서치료는 대체로 도서를 이용하여 질병을 치료한다든지 태도나 성격 등을 건전한 방향으로 변화시키는 것"이라고 정의하였다.

배쓰 돌과 캐롤 돌은 여러 학자의 주장을 정리하여 독서치료의 목적을 다음과 같이 7가지로 정리하였다.

첫째, 책을 읽은 참여자 개인에 대한 통찰과 자기 이해를 증진하기 위함이다.
둘째, 정서적 카타르시스를 경험하여 개인의 통찰을 증진하기 위함이다.
셋째, 매일 매일의 문제들을 해결하도록 도와주기 위함이다.
넷째, 타인에게 하는 행동이나 타인과의 상호 작용하는 방식들을 변화시키기 위함이다.
다섯째, 타인과의 효율적이고 만족스러운 관계를 증진하기 위함이다.
여섯째, 특별한 문제에 봉착했을 때 정보를 제공해 주기 위함이다.
일곱째, 책을 읽는 동안 즐거움을 느끼게 해주기 위함이다.

이상의 여러 학자 이론을 바탕으로 김현희 외 7인의 정의를 참고로, 독서치료를 "참여자가 다양한 문학작품을 매개로 토론, 글쓰기, 그림 그리기 등의 여러 가지 활동과 상호작용을 통해 내면의 성장 및 당면한 문제의 해결에 도움을 얻는 것"이라고 정의하기로 한다.

표현예술치료의 한 분야인 그림책을 독서치료의 자료로 활용해 자신을 이해하고 통찰하도록 도와 자신을 표현해내 개인의 성장과 성숙을 돕고자 한다.

2. 이야기 치료에 대해서

　이야기는 사람들이 자신의 삶을 이해하고 설명하는데 가장 쉽게 이용할 수 있는 매개체 중의 하나이다. 사람에게 문제가 있는 게 아니라 문제 자체 또는 문제에 대한 사람들의 믿음을 문제로 봐야 한다는 관점이다. 이야기는 삶을 구성하고 그 삶을 원하는 대로 변형하는 힘이 있다.

　화이트는 이야기가 발전해가는 과정을 알지 못하는 영역으로 '모험을 떠나는 여행'에 비유하였다. 우리는 미지의 세계에 발을 들여놓는 순간 도전·열정·기대감·흥분·만족감·성취감·불안감·희열 등 복합적인 감정의 도가니 속에서 살아간다. 그러는 가운데 긍정·부정의 감정들이 혼합되어 소용돌이처럼 휘몰아치는 경험을 하기도 한다. 이때 이야기는 치료자가 되어준다. 결국에 이야기를 통한 내면의 돌봄은 자신 삶의 의미를 재구성해주는 새로운 돌파구가 되어준다.

　이야기 치료는 사람들이 당면한 문제에 빠져서 허우적거리는 것을 잠시 멈추고 자신에게 힘과 만족을 주는 새로운 대안적 이야기를 찾도록 도와주는 것에 주안점을 두고 있다. 이야기 치료에서 문제에 대한 해결은 문제 중심의 지배적인 이야기로부터 사람을 분리하는 것으로부터 시작한다. 이야기를 바꾸어 가는 과정을 통과하게 함으로써 자연스럽게 자신이 삶에 대한 변화를 모색하게 된다. 이야기 치료는 사람들이 자신에게 더욱 의미 있는 이야기를 할 수 있을 때 이야기 안에서 그들이 세상을 바라보고 느끼는 감각을 소유하게 된다.

이야기를 창조할 수 있다면 삶의 의미를 찾는 과정에서 새로운 미래로의 도약을 이룰 수 있으리라고 본다. 개인의 부정적이고 패배적인 견해에서 벗어나 문제 해결의 힘을 찾아내 이야기를 새롭게 쓸 수 있도록 도와준다. 내재해 있던 삶의 문제 관련 이야기에서 이에 대응하는 긍정적이고 대안적 이야기로 전환하도록 확실히 도와준다. 새로운 이야기를 창조해 대안적 이야기로 전환해 현재에서 미래로 삶의 관점을 이동해 희망을 촉진해 내담자에게 내재해 있는 문제를 근본적으로 해결하는 데 도움을 준다. 이러한 것들이 이야기 치료에 대한 효과일 것이다.

장 폴 사르트르는 이야기 치료와 관련해 "우리는 우리 이야기와 다른 사람들의 이야기에 둘러싸여 살아가며, 우리에게 발생하는 모든 일에 관해 이야기를 통해 이해하며, 마치 이야기를 하는 것처럼 삶을 살아간다"라고 지적한다.

그리고 우리는 이야기를 통해서 도덕성(윤리)을 간접적으로 배우고 함양해 간다. 프랑스의 철학자 폴 리쾨르가 '윤리'에 대해 다음과 같이 세 요소를 지적한다.

첫째, 자기에 관한 관심·자기 존중이다.
둘째, 타인에 관한 관심·배려이다.
셋째 제도에 관한 관심·정의다.

이 세 요소 모두 '좋은 삶' 또는 '참된 삶'을 윤리적으로 지향하는 데에 없어서는 안 될 중요한 요소로 바라본다. 일례로 영화 [양자물리학]을 보다 보면 "걱정해서 걱정이 없어지면 걱정이 없겠지"라는 말이 나온다. 여기에 윤리를 적용해본다면 "현재 있는 모습을 그대로 인정하면 받아드려라. 그리고 지금 시간에 충실하라"라는 의미로 해석할 수 있다. 이것이 바로 참된 삶이 아닐까 싶다.

결과적으로 우리는 자기·타인·사회라는 삼각 구도 속에서 각자 동등한 권리와 의무에 대해 함께 중시하는 공동체의 일원으로 살아갈 필요성이 있겠다. 즉 현실적 차원에서는 누구나 자기 존중의 비편파성·온전성·무죄성에 의존하기 쉽다. 그렇다면 "과연 우리는 각자의 자리에서 자신에게나 타인에게 어느 정도 공정하고 모나지 않으며 순수하려고 노력했을까?"라고 자문해볼 필요가 있다. 그러한 물음에 진실하게 이야기할 수 있다면 비로소 각자의 삶에서 작지 않은 공명(共鳴)을 일으킬 수 있으리라. 이것이 바로 '이야기'가 가지고 있는 힘이라고 할 수 있다.

3. 그림책 치료에 대해서

그림책은 글밥이 많은 일반 책에 관해 부담을 느끼는 유아 또는 성인, 남녀노소 상관없이 누구나 쉽게 접근할 수 있다. 특히 이해력·독해력이 약한 사람들에게는 문장이 단순하고 그림이 많은 그림책은 독서와 친숙한 습관을 형성하는 데 도움을 준다. 책에 대한 부담감이 있거나 싫어하는 사람들에게 그림책은 아름다운 색채에 대한 호기심, 동화 속의 그림, 각자의 추억을 떠오르게 하는 매체로도 효용성이 높다고 할 수 있다. 아울러 글씨가 아예 없는 그림으로만 되어 있는 경우에는 상상력과 창의력을 발휘하도록 도와주거나 자신도 알지 못하는 무의식 세계를 바라볼 수 있는 계기를 마련해주기도 한다. 한 권의 그림책을 통해 다양하고 보편적인 주제를 통해 다른 사람과 또 다른 세계관에 대해 위로를 받고 이해하도록 돕는 매개체 역할을 하기도 한다. 자녀 양육이나 교육현장, 상담현장에서도 그 활용범위가 매우 높다는 게 그 장점이다. 아울러 그림책은 어린이와 성인 사이의 협력관계를 이룰 수 있고 의사소통의 기회를 제공하는 매체이기도 하다. 요즘 들어서는 청소년들에게도 복합적으로 사용되는 도구이기도 하다.

아울러 그림책은 오랫동안 '글을 잘 읽지 못하는 유아들이 보는 책'이라는 오해와 편견으로 그 진가가 가려진 것도 사실이다. 하지만 아동교육을 전공하는 사람들이 많아지면서 그림책이 주목을 받았다. 그리고 다양한 주제를 다룬 그림책에 대한 사람들의 관심이 높아지면서 동화작가들의 활동이 더욱 활발해졌고 그림책 출판도 활발해졌다.

그림책은 다른 정류 책과 비교해 감정이입이 잘 된다는 장점이 있다. 원활한 감정이입을 통해 그동안 스스로 인지하지 못했던 과거의 상처·아픔을 표면으로 드러냄으로써 치유적 효과를 얻을 수 있다. 아울러 자신의 경험을 다른 사람과 공유함으로 "나만 이런 아픔이 있는 것이 아니었구나"라고 깨닫게 되면서 자기를 이해하고 내면의 상처에서 벗어나는 힘을 얻게 된다.

이러한 관점에서 그림책은 누구에게나 그 의미와 가치를 지닌다. 심리적으로 불안정감에 시달리는 사람들에게 그림책은 즐거움을 주고, 어떤 장면에서는 마음 깊이 감동하기도 한다. 그림의 세계는 언어의 세계만큼이나 마음을 울려주고 다른 사람의 말에 귀 기울여 듣는 힘을 자연스럽게 길러주기도 한다. 때로는 현실을 넘어선 놀이의 세계에서만 느낄 수 있는 안정감을 가질 수 있도록 도와준다. 현실에서의 저항을 극복하고 치료적 관계를 형성하는 데도 유용하고 불안을 감소시키고 이완하게 해주는 도구로써도 충분한 효과를 지닌다. 그리고 문제 해결에서도 창조적 사고를 통해 자신만의 해결 능력을 함양하는 데 어떤 계기가 되기도 한다.

그림책을 통해서 어린이의 입장으로 어린 시절로 돌아가는 회상, 어린이의 눈으로 보는 바라봄으로 관점이 확장되고, 글과 그림의 평가를 어른의 시점으로 바라봐서는 안 된다는 것을 간접으로 배우게 된다. 그림이나 색채를 통해서 억제된 감정이나 표현에서 벗어나 다양한 정서와 감정을 경험하는 것은 다양한 치료적 요소를 지닌다. 따라서 그림책을 "그림과 글의 비중이 같거나 그림의 비중이 글보다 높은 책으로, 그림과 글이 상호 보완하면서 의미를 전달하는 책'으로 정의하기로 한다.

4. 글쓰기 치료에 대해서

글쓰기 치료는 과거 일기의 형태에서 변형된 것으로 창의성, 친밀감, 인생의 경험 등을 제공해 주는 독특한 치료 방법으로 총체적 자기경영이라고 볼 수 있다. 자신의 감정에 대해 글로 표현하는 것이 점진적으로 자신의 상처를 치유하고 고통을 누그러뜨리도록 해 면역체계를 강화한다는 것을 전제로 한다.

글쓰기 치료는 본래 고대 라틴어에 어원을 둔 '쓰인 것'이라는 의미의 '스크립텀(scriptum)'과 '간호하다' 또는 '치료하다'라는 의미의 '테라페이아(therapeia)'의 합성어로 '스크립터테라피(scriptotherpy)'라고 한다. (Riordan, 1996) 어원의 의미를 그대로 곱씹으면 '치료를 목적으로 하는 글쓰기'라고 정의할 수 있다.

'글을 쓴다'는 것은 어떤 주제에 대한 내면의 정서를 언어로 옮기는 과정이다. 글을 쓴다는 것은 글 쓰는 과정에서 자발적으로 일어나는 자의식 강화, 일상의 정리, 마음 다스리기 등을 통해 유병률(有病率·어떤 시점에 일정한 지역에서 나타나는 그 지역 인구에 대한 환자 수의 비율)을 감소시키는 예방의학에서 출발했다고 해도 과언이 아니다.

　글쓰기 치료는 본래 치료적 목적으로 글을 쓰는 것이므로 글쓰기 과정에서 치료적 글쓰기(therapeutic writing)의 성격을 지닌다. 치료 목적으로 쓰는 글쓰기 치료는 정신적·육체적·정서적·영적으로 더 나은 건강과 행복을 위해 목적 지향적이고 의도적인 글쓰기를 하는 심리적 치료기법이라고 볼 수 있다.

　고대 그리스 템포이의 아폴론 신전에는 '너 자신을 알라'라는 문구가 새겨져 있었다. 고대 철학자들이 인간사의 모든 고통과 절망이 결국 자신에서부터 비롯된다는 것을 인식했기 때문이다. 자신을 제대로 바라볼 수 있을 때만이 그러한 고통의 터널에서 벗어날 수 있다고 믿었음을 암시한다. 이를 통해 고대 철학자들이 말하는 '너 자신을 알라'는 철학적 자기반성이나 자기 성찰이라는 개념으로 발전할 수 있었다. 그중에서도 특히 아리스토텔레스의 시학(詩學)은 감정을 치유하는 데 있어 카타르시스로 인한 효능을 언급하고 있다. 아울러 통찰과 보편적 진리에 이르는 데 필요한 글쓰기의 가치를 논하고 있다.

　글쓰기 치료의 태동은 철학적 배경에서 비롯되었다고 해도 과언이 아니다. 그 이유는 글을 쓰기 위해서는 글을 쓰는 자신과의 대화가 불가피한데, 자신과의 대화를 시작하기 위해서는 결국 자신을 돌아보아야 하는데 그 과정에서 반성과 자기 정리를 위한 내면의 감정이입이 일어나기 때문이다. 정신분석학에서 말하는 무의식적 소망과 욕망이 글로 표현되어 문학작품으로 승화된다고 보기 때문이다. 여기에 정신분석학과 문학의 교차점이라 할 수 있는 글쓰기 치료의 출발점이라 하겠다.

　게슈탈트 이론으로 볼 때 글쓰기 치료의 참여자는 텍스트를 통해 과거의 이야기를 현재 상황으로 불러와 자신의 문제를 재경험하는 효과를 얻을 수 있다. 이런 맥락에서 글쓰기 치료에서는 치료사가 참여자들에게 텍스트를 쓰도록 하게 한 후 "지금 기분이 어떠세요?"라고 묻는 과정을 매우 중요하게 생각한다. 그렇게 함으로써 게슈탈트 이론에서 말하는 '미해결의 감정'이나 '문제'들을 스스로 인지하고 해결할 수 있는 적절한 거리 두기가 가능해지기 때문이다.

1940년대 칼 로저스는 내담자 중심의 상담이론으로 내담자 자신이 자아실현의 가능성과 잠재력을 발견해 과거의 문제를 현장에서 글로 작성해 부정적 감정과 억압의 고통에서 자유롭게 되는 경험을 하게 된다는 심리 상담의 기초를 마련하였다. 로저스는 내담자 자신이 쓰는 글 자체가 바로 상담내용이 되므로 그 어떤 상담자가 주는 반응보다 글의 부정적·긍정적 요소와 상관없이 진솔하게 수용하게 된다. 아울러 가능한 상담내용의 토대가 되는 글을 존중하며 공감적 이해를 무한히 받을 수 있게 된다. 글 쓰는 이, 내담자가 그 어떤 판단과 제약, 심리적 방해 등을 받을 필요가 전혀 없이 글을 쓰는 중에 자신의 문제에 대한 직시와 공감과 문제 해결에 대한 통찰력을 얻을 수 있어 좋다.

이러한 심리치료 기법은 서로 독자적이면서 상호보완적인 통합적 치료 효과를 얻는다. 글쓰기 치료는 하나의 치료 분야이자 독서치료·미술치료·음악치료·의학적 임상 치료와 병행할 수 있는 상호보완적 치료법이다.

5. 시(詩) 치료에 대해서

'시(詩) 치료'는 어원적으로 "시를 읽거나 씀으로써 마음의 상처가 치유되고 개인의 성장을 돕는 것"이다. 시 치료는 은유·이미지·리듬과 다른 시적인 기법(과장·각운·두운법 등)을 독특하게 사용하여 여러 구체적 활동과 상호작용을 통해서 자아를 이해하고 개인의 적응과 성장 및 당면 문제를 해결하는 데 도움을 준다.

헤닝거(1981)는 시의 치료적 기능으로 카타르시스, 자기 탐색 및 이해증진, 위안, 적극적인 통제와 정서 조절, 안전 및 안전장치, 즐거움 등을 거론했다. 시 치료과정에서 이루어지는 활동이 갈등을 해결하고 심리적 안정과 성장을 추구하는 한 방법이 될 수 있다고 지적했다.

① 카타르시스

시 치료는 참여자의 마음 깊은 곳에 있는 감정이나 생각을 더놓고 표현하는 기회를 제공해 참여자의 강렬한 감정을 일으켜 정서를 정화하고 심리적인 안정감을 지니게 한다. 참여자가 죄책감이나 창피함을 당하지 않고도 응어리진 감정을 표출할 수 있는 안전한 매개체의 역할을 하면서 활동과정 자체가 증상을 완화해 주고 치료해 나아가게 한다.

② 자기 탐색 및 이해증진

시 치료는 내담자가 의식하지 못했던 자신의 문제를 무의식을 통해 드러낼 수 있게 한다. 따라서 시는 자기 자각·자기 직면·자기 노출을 통해 자기 탐색을 촉진하여 자기 발견을 하도록 도와준다.

③ 위안(慰安·위로하여 마음을 편안하게 함)

시는 참여자에게 용기와 자신감을 주어 의사소통 능력과 정신 집중을 증가시킨다. 자신의 문제를 다른 사람도 비슷하게 가지고 있다는 보편성을 깨닫게 하여 위안(support)을 얻게 한다. 자신의 감정과 생각을 공유하면서 위안을 받음으로써 힘을 얻게 된다.

④ 적극적인 통제화, 정서 조절

시에 사용된 시어는 혼란스러운 상황을 정리해 주고 정서적으로 견디기 어려운 것과 직면하여 상황을 효과적으로 통제하여 감정을 조절할 수 있도록 해 준다. 다시 말하면, 시 치료과정에서 수행하는 활동은 성숙과 성장을 촉진하는 계기가 되면 조화를 이루게 하여 더욱 통합된 인격을 갖게 한다.

⑤ 안전 및 안전장치

시는 직설적으로 표현할 수 없는 생각·감정과 태도를 우회적으로 표현할 수 있고 완전한 심리적 노출을 하지 않고도 감정을 정화해 준다. 따라서 시는 표현하려는 충동과 은폐하고자 하는 충동을 동시에 만족시켜 준다.

⑥ 즐거움

아리스토텔레스는 시의 기원을 '모방'에서 찾는다. 모방은 인간의 본능으로서 이를 충족하다 보면 쾌락을 느끼게 된다. 따라서 시는 예술적 즐거움과 심리적 즐거움 등의 쾌락을 추구하는 것에서 시작된 것이다.

시 치료의 모델은 수용적·처방적 요소, 표현적·창조적 요소, 상징적·의식적 요소로 구성된다고 보았다.

⑦ 수용적·처방적 요소: 치료에 기존 문학작품 활용

시 치료에서 가장 일반적으로 사용하는 기법으로 기존의 시를 읽어 주고 혹은 읽게 하여 얘기를 나누는 것이다. 상담자는 내담자의 반응을 예상하고 탐색해야 한다. 내담자의 분위기와 밀접한 시를 선정하는 게 중요한데 긍정적인 결말로 된 시를 선택하는 게 좋다. 열린 결말로 된 시들은 자기 탐색을 촉진할 수 있다.

⑧ 표현적·창조적 요소: 치료에 내담자의 글쓰기 활용

시 치료에 내담자의 글쓰기를 사용하는 것이다. 폭스(Fox, 2005)는 시를 쓰는 게 새로운 느낌을 지니도록 하여 우리 삶에 창조성과 치료가 융합되도록 도울 것이라고 하였다. 시 쓰기는 우리에게 각각의 자신에 대해 심오한 발견을 하도록 도와준다.

⑨ 상징적·의식적 요소: 은유·의식(rituals)·이야기 들려주기 활용

은유(metaphors)의 사용은 여러 가지로 치료적 힘이 있다. 은유는 정서나 행동 그리고 믿음에 대한 상징 또는 이미지다.

의식(儀式·rituals)이 갖는 힘은 오랜 세월 동안 전승되고 형성되어 온 것이라 하겠다. 의식은 사람이 과거를 인식하고, 현재 그대로 진행되도록 내버려

둔다. 새로운 국면으로 옮겨 가도록 함으로써 결과(죽음·이혼 등)를 수용하도록 돕는다.

참고로 이 책의 김현화 저자는 표현적·창조적 요소에 속하는 창의적 시 쓰기를 해 봄으로써 나의 감정을 표현하고 질서감과 구체성을 얻을 수 있었다. 상담심리센터를 내고자 '이름을 어떻게 지을 것인지? 그 안에 어떠한 의미를 더할 것인지?'에 대해 생각에 생각을 거듭했다. 그러면서 매일 생각나는 이름을 쓰고, 지우기를 반복했다. 써 내려간 것을 수시로 펼쳐 보면서 상담자와 내담자의 이야기를 담아보자며 '이야기 담은 심리상담센터'라 이름 지었다. 그는 그 당시 '이야기를 담다'라는 자작시를 통해 내담자의 마음 가까이 가고자 하는 내면의 소리를 듣게 되었다. 그는 이같이 울어 줄 수 있는 공감과 위로를 통해 앞으로 나아가고자 하는 마음을 엿볼 수 있었다. (괄호) 부분은 그때의 감정에 따라 조금씩 달라졌으며, 글을 쓰면서 더 구체적인 정서적 상태나 태도(자신감·안정·분노·연민 등)에 대해 알 수 있었다.

본래의 시	연상의 시
이야기를 담다	이야기를 담다
너와 나의 이야기를 마음에 담았다.	너와 나의 이야기를 마음에 담았다.
그래서였을까? 너와 나의 이야기에 (　　　　　)	그래서였을까? 너와 나의 이야기에 (눈물이 흐른다.)
그래서였을까? 너와 나의 이야기에 (　　　　　)	그래서였을까? 너와 나의 이야기에 (여운이 남는다.)
그래서 였을거야. 너와 나의 이야기가 삶이 되어 (　　　　　)	그래서 였을거야. 너와 나의 이야기가 삶이 되어 (오늘도 흘러간다.)

부록

01

'마음 힘들게 하는
이들과 사이좋게 지내기'

1. 자신이 싫어하는 사람들의 이름을 작성하라. 자신을 가장 힘들게 하는 사람 즉 부정을 느끼는 감정의 정도가 강한 순서로 리스트를 작성한다. 그리고 그 사람이 싫은 이유와 못마땅하게 여기는 이유를 써라. (사건을 자세히 기록하는 것이 도움이 된다.)

2. 자신이 기록한 사람들의 이름을 큰 소리로 읽어보라. 그리고 모든 행동을 멈추고 그 사람에 관해 곰곰이 생각해 보라. 생각하면서 자신이 느껴지는 감정을 자각하라. 분노, 억울함, 혐오, 애증, 원망 등 오는 감정이 올라오는지를 기록하라. 그리고 자신과 기록한 사람들과의 생각했을 때 자신보다 더 나은 점들을 기록해 보라.

3. 기록한 사람들의 가장 특징적인 면을 요약하여 써보라. 예를 들면…

이름	특징
○○○	이간질의 대명사이면서 착한 사람인 척 남을 배려한다.
○○○	언행일치라곤 찾아볼 수 없는 사람이다.
○○○	자아가 가득해서 교만한 사람이다.
○○○	사람이 너무 공격적이고 자기중심적이며 무례하다.
○○○	위선자, 돈 때문에 그러는 주제에 다른 사람을 돕는 척 해.
○○○	진실한 종교인도 아니면서 진실한 크리스천인 척 속이고 있어.
○○○	남의 비위나 맞추고 자기주관이라고는 눈꼽만큼도 없어

4. 사람들의 특징을 적으면서 자신이 살아오면서 그동안 부정하고 싶었던 자신의 모습은 있지 않는지를 생각해 보자. 어쩌면 자신 안에 인정하고 싶지 않는 자신 때문에 오히려 다른 사람이 더 미웠던 것은 아니었을까? 부정을 하면 할수록 그들이 더 미워지지는 않았는지 생각해 보라. 자신을 인정하고 싶지 않고, 드러내지 않으려고 했던 것은 아니었는지 스스로 자신에 대해 구체화 시켜보도록 해 보자.

5. 자신을 부정해 왔던 이유나 스스로 억압하고 다른 사람에 대한 강한 반발심을 느꼈던 상황을 구체적으로 기록해 보라.

6. 자신을 부정해 왔던 장면들과 만나는 시간이 필요하다. 자신과 자신이 만나 교류하는 시간을 충분히 갖도록 하자. 스스로 묻고 생각하며 진실되고 솔직한 자신의 모습과 일치하도록 노력해야 한다. 그것이 자신을 외부적 내부적으로 통합해 가는 길이다. 훈련된 자기 통합은 새로운 힘을 갖게 된다. 스스로 부정했던, 나아지지 않을 것 같은 자신에 대해 인정하며 나아지려는 능력이 생겨나고 있음을 경험하게 된다.

'나의 내면을 힘들게 하는 사람들과 사이좋게 지내기' 방법

단계	탐색할 질문	솔직하게 표현하기
1단계	내가 싫어하는 사람들 작성하기 (못 마땅한 이유도 기록)	
2단계	작성한 것을 크게 소리 내어 읽기 1. 읽었을 때 느껴지는 감정 2. 나보다 나은 점을 기록하기	
3단계	싫어하는 사람들의 특징 적기	
4단계	싫어하는 사람들의 특징과 자신과의 연관성	
5단계	자신을 부정해 왔던 이유나 스스로 억압하고 다른 사람에 대한 강한 반발심을 느꼈던 상황을 구체적으로 기록	
6단계	자신과의 만남 시간	

02

그림책 발문지

1. 겁쟁이 빌리

① 이 책을 보고 제일 기억에 남거나 인상 깊었던 장면은 어떤 것인가요? 그 장면을 통해서 어떤 기억이 떠올랐는지 이야기해 보세요.

② 이 책을 읽고 난 후 느낌은 어떠한가요? 지금의 내 모습을 생각해서 이야기해 보세요.

③ 빌리처럼 누구 때문에 잠을 못 이룬 경험이 있었을까요? 그런 경험이 있다면 어떤 상황이었는지 이야기해 보세요.

④ 할머니가 걱정 인형을 주었을 때 빌리는 어떤 생각을 했을까요?

⑤ 걱정 인형들을 위한 또 다른 걱정 인형들이 늘어났을 때 빌리의 심정은 어떠했을까요? 이런 빌리를 바라보는 나의 마음과 또 다른 나만의 방법에 대해서 이야기해 보세요.

⑥ 빌리의 마음을 색깔로 표현한다면 어떤 색일까요? 그 색이 주는 의미에 대해 이야기해 보세요.

⑦ 빌리가 자신을 바보 같다고 생각했을 때, 할머니는 '참 재밌는 상상이로구나. 그건 네가 바보 같아서 그런 게 아니란다. 나도 너만 했을 때는 너처럼 걱정을 많이 했지' 라고 공감을 받았던 경험이나 그런 사람이 주변에 있는지 이야기해 보세요.

2. 짖어봐 조지야

① 이 책을 보고 제일 기억에 남거나 인상 깊었던 장면은 어떤 것인가요? 그 장면을 통해서 어떤 기억이 떠올랐는지 이야기해 보세요.

② 이 책을 읽고 난 후 느낌은 어떠한가요? 지금의 내 모습을 생각해서 이야기해 보세요.

③ 조지가 만난 동물들에 대한 조지와 엄마의 각각 생각과 성격은 어떠할까요?

④ 의사로부터 치료하는 과정 중에 '깊이, 깊이, 깊이…손을 넣었어요'에서 '깊이'를 열 한번을 말했던 의미는 무엇이라고 생각하나요? 아울러 조지의 입 속에 갖가지 동물이 나왔을 때 엄마의 표정과 의사와 다른 동물들을 아 주었던 엄마의 행동이 무엇을 의미하는지 이야기해 보세요.

⑤ 치료가 끝난 조지가 '멍멍'이라고 짖었을 때 조지의 감정은 어떠했을까요? 병원을 나온 조지가 사람들 사이에서 '안녕'이라고 말한 의미는 무엇일까요? 앞으로의 조지의 모습을 상상해서 이야기해 보세요.

⑥ 조지의 엄마는 조지에게 어떤 엄마였으며, 조지는 조지 엄마에게 어떤 자녀였는지, 현재 나의 모습은 어떠한지 이야기해 보세요.

⑦ 조지를 생각하면서 자신의 정체성에 대해서 또는 가면(페르소나)을 어떻게 이해하고 있는지. 조지처럼 상황에 따른 관계 적응의 탁월한 능력이 나에게 어떤 부분이 있는지 이야기해 보세요.

3. 괜찮아

① 이 책을 보고 제일 기억에 남거나 인상 깊었던 장면은 어떤 것인가요? 그 장면을 통해서 어떤 기억이 떠올랐는지 이야기해 보세요.

② 이 책을 읽고 난 후 느낌은 어떠한가요? 지금의 내 모습을 생각해서 이야기해 보세요.

③ 나에게 '괜찮다'고 말하고 싶은 내용에 대해 이야기해 보세요.

④ 괜찮지 않는데, 괜찮다고 말하는 부분은 있다면, 그것은 무엇 때문에 '괜찮다'고 말했을까요? 그런 경험에 대해서 이야기해 보세요.

⑤ '괜찮지 않는데 괜찮다고 말할 수 있는 용기'에는 어떤 방법이 있는지 찾아보세요.

⑥ 노래 추가열의 '행복해요'를 노래 부르며 다함께 크게 웃어요.

4. 중요한 사실

① 이 책을 보고 제일 기억에 남거나 인상 깊었던 장면은 어떤 것인가요? 그 장면을 통해서 어떤 기억이 떠올랐는지 이야기해 보세요.

② 이 책을 읽고 난 후 느낌은 어떠한가요? 지금의 내 모습을 생각해서 이야기해 보세요.

③ 당신이 생각하는 주변의 사물이나 인물에 대해서 소중하다고 생각한 것에 대해 이야기해 보세요.

④ 당신의 소중한 것들이 당신에게 어떤 의미가 있습니까?

⑤ 당신의 소중한 것들이 사라졌을 때의 감정에 대해서 이야기해 보세요.

⑥ '너에 관한 중요한 사실은 너는 바로 너라는 거야. 예전에 너는 아기였고, 무럭무럭 자라서 지금은 어린이고, 앞으로 더 자라서 어른이 된다는 건 틀림없어. 하지만 너에 관한 중요한 사실은 너는 다른 사람 아닌 바로 너라는 거야' 대사에서 어떤 느낌을 받았나요?

⑦ 현재의 나의 모습과 5년, 10년 뒤의 나의 모습을 상상해 보세요.

5. 백만 년 동안 절대 말 안 해

① 이 책을 보고 제일 기억에 남거나 인상 깊었던 장면은 어떤 것인가요? 그 장면을 통해서 어떤 기억이 떠올랐는지 이야기해 보세요.

② 이 책을 읽고 난 후 느낌은 어떠한가요? 지금의 내 모습을 생각해서 이야기해 보세요.

③ '백만 년'은 어떤 의미로 느껴지나요? 여기에 나오는 주인공의 나이를 추정한다면? 그 시절의 나의 모습이나 부모, 자녀의 모습을 생각해보며 이야기해 봅시다.

④ 부모의 모습을 보면서 아이의 '화'는 무엇일까요? 그림책에 나오는 부모가 나의 부모라면, 또는 내가 부모라면 어떠한 감정이 들까요?

⑤ '이제부터는 내 맘대로 살거야'라고 말하면서 가족 안에서 자신만 없어지면 된다는 생각에서 자신이 할 수 있는 것은 무엇일까요? 그런 마음이 있는 반면에 아이가 '가족들을 생각하는 마음'이 어떤 감정일까요?

⑥ 편지를 써 놓고 땅 속으로 들어갔는데, 그 편지의 내용은 어떤 내용이었을까요?

⑦ '가족 같은 건 필요없어'라고 말할 때부터 나왔던 빨간 실의 의미는 무엇일까요? (목도리)가족들을 다시 만났을 때 가족들의 반응(자녀와의 공감 등)에 대한 각자의 생각을 이야기해 봅시다.

6-1 그림자 아이가 울고 있다 (1) 분리

① 이 책을 보고 제일 기억에 남거나 인상 깊었던 장면은 어떤 것인가요? 그 장면을 통해서 어떤 기억이 떠올랐는지 이야기해 보세요.

② 이 책을 읽고 난 후 느낌은 어떠한가요? 지금의 내 모습을 생각해서 이야기해 보세요.

③ 그림자가 없었던 삶과 그림자가 나타났을 때의 삶의 변화에 대해 이야기해 봅시다. '나 혼자만 고통 받고 있는 것 같다. 지독한 외로움 그 자체였다', '다른 사람들은 다 멀쩡한데 왜 나만 이럴까?' 초라한 존재라고 인식했다. 내가 작아질수록 그림자 아이는 쑥쑥 자라고 있었다.고 했다. 여기서 말하는 그림자는 어떤 의미이며 나의 그림자는 무엇인지 이야기해 봅시다.

④ 지독한 외로움 등 강조하고 싶은 단어에는 진한 글씨로 나타나 있다. 어떤 의미로 생각이 드나요? '지독한 외로움'을 느껴 본 적이 있다면 그 상황에 대해서 이야기해 봅시다.

⑤ '점점 엉망이 되어가고 있다. 몸도 축나고 있었고, 식은 땀이 나고 있다.' 이런 상태를 경험한 적이 있다면 그 상황이 어떤 상황이었을까요?

⑥ 그림을 보면서 어떤 느낌이 들었는지 이야기해 봅시다.(분리에 대한 개인의 생각 등)

⑦ '그림자 아이는 나의 자존감을 갉아먹으며 쑥쑥 자라고 있었다' 어떤 의미로 받아들여지나요? 여기서 '그림자 아이'와 '나' 그리고 '집을 나간 반려견'과의 관계에 대해서 이야기해 봅시다.

6-2 그림자 아이가 울고 있다 (2) 대면

① 이 책을 보고 제일 기억에 남거나 인상 깊었던 장면은 어떤 것인가요? 그 장면을 통해서 어떤 기억이 떠올랐는지 이야기해 봅시다.

② 이 책을 읽고 난 후 느낌은 어떠한가요? 지금의 내 모습을 생각해서 이야기해 봅시다.

③ 아직도 해결되지 못한 내 안의 상처가 있다면, 그게 어떤 것인지 이야기해 봅시다.

④ '발버둥 치면 칠수록 그 아이는 더 애처로운 모습으로 나를 찾아왔다.' 그림자아이를 외면하려고 술을 마셔봤지만 그 아이를 더 자극하게 되었다. 이처럼 자신의 불안이나 슬픔을 외면하려고 했던 경험이 있었을까요? 외면한 결과 자신의 심정은 어떠했나요?

⑤ 그림자아이를 정면으로 마주했을 때, '아무도 나에게 관심이 없어. 왜 나는 늘 혼자 있는 거야?'라는 말에 어떤 답을 해 줄 수 있을까요? 늘 애 쓰면 살아야만 했던 '나'에게 해주고 싶은 말이 있다면?

⑥ 아끼던 반려견을 잃어버렸을 때, 그림자아이가 등장했다. 결국 그림자아이가 외롭고 사랑에 배고픈 아이임을 알게 되었다. 그림자아이와 나의 '불안'은 어떤 밀접한 관계가 있다고 생각하나요? 반려견이 나에게 말을 건다면 어떤 말을 했을까요? 소중한 사람이나, 동물, 물건 등을 잃어버린 경험이 있다면 살면서 자신에게 어떤 영향을 끼쳤나요?

⑦ 계속 울었던 그림자아이는 눈물을 그치고 행복한 미소를 짓게 되었다. 그림자아이를 달래주는 방법은 어떤 것들이 있었나요? 나의 경우라면 어떤 방법이 있었을까요?

6-3 그림자 아이가 울고 있다 (3) 연결

① 이 책을 보고 제일 기억에 남거나 인상 깊었던 장면은 어떤 것인가요? 그 장면을 통해서 어떤 기억이 떠올랐는지 이야기해 보세요.

② 이 책을 읽고 난 후 느낌은 어떠한가요? 지금의 내 모습을 생각해서 이야기해 보세요.

③ 내 안의 그림자아이와 만나면 어떤 말을 해 주고 싶은가요?

④ 그림자아이를 통해 '새로운 나'를 발견하게 되었다. 이제는 부족한 나를 있는 그대로 인정하다보니 자신을 더 사랑하게 되었다. 이렇게 성장한 사람을 바라보는 마음은 어떠한가요? 지금 나는 어떤 입장에 있는지 이야기해 봅시다.

⑤ '불안해도 괜찮아'라고 오히려 그림자아이를 달래준다. 불안을 달래주는 방법이나 불안을 예방하는 마음의 기술에 대해서 이야기해 봅시다.

⑥ 지금까지 살면서 '잃어버린 나를 찾아주는' 사람을 만난 경험이 있었을까요? 누구나 마음속에 그림자아이를 안고 살아갑니다. 내가 혹은 다른 사람으로 그림자아이가 쑥쑥 커지게 하거나 눈물을 그치게 했던 사람이 있었을까요? 그 부분에 대해 이야기해 봅시다.

⑦ 현재 마음의 상태를 신호등에 비유한다면, 지금 어떤 불이 들어와 있나요? 신호등은 내가 어떤 상황일 때 바뀔까요? 자신과 함께 살고 있는 그림자아이(콤플렉스, 트라우마, 상처, 억울함 등)에 대해 이야기해 봅시다.

7. 빈 화분

① 이 책을 보고 제일 기억에 남거나 인상 깊었던 장면은 어떤 것인가요? 그 장면을 통해서 어떤 기억이 떠올랐는지 이야기해 보세요.

② 이 책을 읽고 난 후 느낌은 어떠한가요? 지금의 내 모습을 생각해서 이야기해 보세요.

③ 싹이 틔지 않는 씨앗을 나눠준 임금의 성격이나 성품은 어떠한가요? 싹트지 않는 씨앗을 보면서 아이들의 생각은 어떠했을까요?

④ 특별한 꽃씨를 임금이 나눠 줄 때, 나라면 어떤 기대를 했을까요? 탐스러운 화분을 임금님 앞에 가지고 나타났는데 찌푸린 얼굴을 봤을 때의 어떤 생각이 들었을까요?

⑤ 한 해 동안 꽃을 피우지 못한 핑의 감정은 어떠했을까요? 혹시 많은 노력을 했음에도 불구하고 계속된 좌절의 경험이 있다면 이야기해 보세요.

⑥ 핑은 빈 화분 때문에 자신이 못난이처럼 느꼈고, 다른 애들한테 놀림을 받을 것 같았다. 그러나 핑의 아버지는 '정성을 다 했으니 됐다. 네가 쏟은 정성을 임금님께 받쳐라.'라고 했을 때 핑은 어떤 마음이 들었을까요? 나의 주변에 핑의 아버지와 같은 인물이 있다면?

⑦ 나라면 '빈 화분'을 보고 어떤 결정을 했을까요? 임금과 핑이 중요시 하는 덕목이 어떤 거라고 생각하나요?

⑧ 아이를 키우는 부모의 마음과 양육의 태도에 대해 자신의 입장을 이야기해 보세요.

8. 빨간나무

① 이 책을 보고 제일 기억에 남거나 인상 깊었던 장면은 어떤 것인가요? 그 장면을 통해서 어떤 기억이 떠올랐는지 이야기해 보세요.

② 이 책을 읽고 난 후 느낌은 어떠한가요? 지금의 내 모습을 생각해서 이야기해 보세요.

③ '아무런 희망이 보이지 않고, 모든 것이 점점 나빠지는 순간'에 '모든 일은 한꺼번에 터집니다'라고 생각하는 소녀의 삶을 상상하여 이야기해 봅시다. (가족사항, 사고, 인지, 정서, 행동적인 성장발달단계 등)

④ 소녀가 무엇을 기다리고 있나요? 기다리는 소녀의 마음은 어떠할까요? 과거나 현재에서 기다렸던 나의 경험담을 이야기 봅시다.

⑤ 그림마다 숨어 있는 빨간 나뭇잎의 의미는 무엇일까요?

⑥ 무엇이 빨간 나뭇잎이 빨간 나무로 뿌리내릴 수 있는 생명을 주었을까요? 내가 무엇을 해야 할지, 내가 누구인지, 내가 어디 있는지에 대한 희망이 없을 때의 심정과 도움을 요청한다면 무엇이 있을까요?

⑦ 지금 현재 나는 누구이며, 무엇을 해야 하며, 나는 어디에 있는지, 내가 바라던 나의 모습을 생각하며 이야기해 봅시다.

9. 두 사람

① 이 책을 읽고 난 후 느낌은 어떠한가요?

② 이 책을 보고 마음에 드는 장면은 어떤 장면이 있나요? 그 장면이 떠올랐던 이유는?

③ '두 사람'이라고 말하면 생각나는 사람은 누구일까요? '함께 한다'라는 것은 무엇을 의미할까요? '함께 하고 있다'는 경험에 대해 이야기해 봅시다.

④ 부모와 자녀간의 관계, 스승과 제자와의 관계 등에서 의사소통 면이나 정서적인 면에서 다르거나 알아주지 못해서 속상했던 기억을 이야기해 봅시다.

⑤ '모래시계'처럼 서로의 생각과 감정을 협력하여 주고받는 관계에서 주기만 하거나 받기만 했던 경험과 받고 싶었던 감정을 서로 이야기해 봅시다.

⑥ 지금 내가 원하는 것은 무엇이며 그 원하는 것을 누구에게 받고 싶은가? 또는 상대방이 원하는 것을 내가 해 줘서 뿌듯했던 경험과 해 주지 못해서 속상했던 경험을 이야기해 봅시다.

⑦ '두 사람이 함께 사는 것은 함께여서 더 어렵고 함께여서 더 쉽습니다.' 함께여서 더 어렵고 함께여서 더 쉬운 경험을 서로 이야기해 봅시다.

10. 슬픔을 치료해 주는 비밀책(저자: 카린 케이츠)

① 여기에 나온 인물 중에 어떤 사람이 나와 닮았는가? 그 이유는?

② 슬플 때 위로를 받을 수 있는 것이 무엇이 있을까요?
   (예시 ; 강아지, 책, 친구, 초콜렛 등)

③ 다른 사람을 위로 해 준 경험이 있나요? 그 때 상대방의 반응은 어떠했을까요?

④ 내가 슬펐을 때 듣고 싶은 말이나 행동 또는 상대방에게 해 주고 싶은 말이나 행동은 어떤 것들이 있을까요? (예시 ; 어깨 토닥여 주기, 안아주기, 맛있는 거 사주기)

⑤ '엄마 아빠가 롤리를 이모네 집에 데려다 주고 떠나버렸을 때' 롤리의 기분은 어떠했을까요?

⑥ 롤리와 엄마, 아빠가 헤어졌을 때 어떤 방법이었을 때 덜 슬펐을까?

❶ '슬픔'이란 감정이 있는 그대로 표현하고 인정해 주는 것이 중요하다.

❷ 슬픔탈출 비법 중 하나를 선택하여 실천해 보세요.

11. 엄마의 선물

① 지금 나는 어떤 상황에 있나요? 어떤 장면이 인상 깊었나요?

② '엄마는 말했죠' 기억나는 말은 어떤 것들이 있을까요?

③ 다른 사람으로 하여 상처를 받거나 상처를 주는 경우가 있었다면?

④ 두려움으로 꿈을 접은 경험은 있었나요? 나의 꿈은? 내가 하고 싶은 것이 있다면?

⑤ 나에게 소중한 사람이 있다면? 혹은 소중한 사람이 되고 싶은 사람이 있다면?

⑥ 소중한 사람과 약속을 한다면 어떤 것을 약속하고 싶은가요?

⑦ '사랑해요'라는 말을 해 주고 싶은 사람은? '사랑해'라는 말을 들었을 때 느껴지는 기분은 어떠할까요?

03

상담학적 치료기법

1) 현실치료-WDEP 체계(욕구·행동·평가·계획)

현실치료는 주어진 문제 상황에서 내담자가 취한 행동이 무엇인지, 그리고 그 책임이 어디부터 어디까지인지 명확히 함을 중시한다. 똑같은 상황에서 사람들이 서로 다른 반응을 보이는 중에 이 내담자가 어떤 행동을 하려고 결정했다면, 그 행동에 수반되는 결과가 무엇인지를 확인하고 그 책임을 온전히 감당하도록 돕는 것이다. 즉, 현실부정을 하지 못하게 하고 책임감을 길러 주는 것이다.

① 원하는 것(Want)

"당신이 가장 원하는 것이 무엇입니까? 지금 당신의 삶을 어떻게 바꾸기를 원합니까?"

글래서의 5가지 욕구와 관련하여, 상담자는 상담받는 사람이 진정으로 원하는 최상·최적의 자기 모습이 무엇인지 확인해야 한다. 외부의 실제 세계는 지각(perception)을 거쳐서 내부의 세계로 들어오게 되는데, 이 과정에서 최고의 내용이 모여 좋은 세계(quality world)를 구성하게 된다. 대다수 내담자는 현실이란 게 좋은 세계와 크게 괴리가 있기에 내원하는 경우가 다반사다.

♥ 욕구 탐색(Want)

이 단계에서 상담자는 내담자에게 "무엇을 원합니까?"라고 질문함으로 자신의 욕구를 충족하는 방법을 발견할 수 있도록 돕는다. 내담자가 자신이 원하고 있는 것을 정확히 파악할 수 있도록 도와주는 질문에는 다음과 같은 것이 있다.

"당신이 원래 되고 싶었던 사람이 되었다면, 당신은 어떤 사람이 되어 있겠습니까?"

"당신과 가족들이 원하는 것이 다 이루어져 있다면, 지금 당신의 가정은 어떤 모습일 것 같습니까?"

"당신이 원하는 방식대로 살고 있다면, 당신은 지금 무슨 행동을 하고 있겠습니까?"

"진정으로 당신의 삶을 변화시키기를 원합니까?"

"원하는 마음은 크나 삶에서 얻을 수 없는 것으로 보이는 것은 무엇입니까?"

"당신이 원하는 변화를 막고 있는 것이 무엇이라 생각합니까?"

② 행동하는 것(Doing)

"그렇다면, 당신이 지금 하고 있는 것은 무엇입니까?"

상담가는 지금 현재 내담자가 무엇을 하고 있으며 어디로 이끌려 가고 있는지를 일깨워 준다. 내담자는 자신이 어디로 가는지를 확인하고 직시해야 하며, 이 과정에서 자신이 무책임한 행동을 하고 있음을 인정하게 된다. 여기서 내담자가 살펴보아야 할 것은 '전행동(total behavior)'이다. 이는 개인이 행동하고, 생각하고, 느끼고, 생리적 반응을 보이는 모든 것을 일컫는다.

♥ 현재 행동 파악(Doing)

현실치료는 현재 행동을 강조하고 과거 사건에 대해서는 내담자가 지금 행하고 있는 행동에 영향을 끼칠 경우에만 관심을 지닌다. 이 단계는 상담자가 상담 초기에 내담자에게 자신이 어디로 가고 있는가를 탐색하도록 도와주는 단계이다. 이때 상담자는 내담자에게 "당신은 현재 무엇을 하고 있습니까?"라고 질문한다. 이는 내담자의 전행동(total behavior)에 대한 인식을 획득하는 데 초점을 둔다.

③ 평가하는 것(Evaluating):

"그렇다면, 당신의 지금 행동은 당신이 원하는 것에 비추어 보아서 도움이 됩니까?"

상담가는 이제 내담자에게 왜 언행이 일치하지 않는지를, 자신이 선택하는 행동이 얼마나 효과적인지를, 자신이 원하는 것에 비추어 서로 일치하는지를 질문하게 된다. 내담자는 자신이 가는 방향과 선택하는 행동들이 어떠한 결과를 초래하는지 직시해야 한다. 이 과정에서 자신이 무책임한 행동의 결과로부터 도피하려 했음을 인정하게 된다. 이는 현실치료의 WDEP 사이클에 있어서 가장 핵심적인 단계라고 할 수 있다.

♥ 평가하기(Evaluating)

현실치료에서 내담자 전(全)행동의 각 요소를 평가하도록 하는 것은 매우 중요하다. 내담자가 스스로 자신의 행동을 평가하여 효과적인 선택을 하도록 돕기 위해 상담자는 내담자에게 자신의 행동 결과를 직면시켜야 한다. 이 단계는 내담자의 행동과 욕구와의 관계를 점검해 보고 내담자 스스로 자기평가를 하게 하는 단계이다. 이때 상담자는 내담자가 자신의 행동을 평가하도록 도와주기 위해 "지금 현재 행동이 당신에게 도움이 됩니까?"와 같은 질문을 한다.

이러한 질문에는 다음과 같은 게 있을 수 있다.
"당신이 하는 행동은 당신에게 도움이 됩니까 아니면 해가 됩니까?"
"당신이 지금 하는 행동은 당신이 하고자 하는 행동입니까?"
"당신이 하는 행동과 당신의 신념이 서로 일치합니까?"
"당신이 하는 행동은 당신이 설정한 규칙에 어긋납니까?"
"당신이 원하는 것은 현실적이며 달성할 수 있는 것입니까?"
"그러한 방식으로 보는 것이 당신에게 도움이 됩니까?"
"당신은 상담 과정이나 생활 변화에 얼마나 열심히 노력했습니까?"
"당신이 주의해야 하는 것을 검증하고 난 후 당신이 가장 흥미롭게 여기면서 타인도 가장 흥미롭게 여기는 게 나타납니까?"

④ 계획하는 것(Planning)

"그렇다면, 이제 앞으로는 어떻게 하면 되겠습니까?"

상담가는 이제 내담자가 현실을 직시하고 개선하기 위해 취할 수 있는 대안을 찾도록 돕는다. 목표는 내담자의 좋은 세계를 실현하는 데 도움이 될 수 있는 욕구를 충족시키는 것이다. 물론, 현실치료는 책임을 무척이나 강조하므로(…) 스스로 다짐한 바를 큰 소리로 읽게 하거나, 자기와의 서약서에 자필 서명을 하게 한다. 아니면 계획 불이행 시 책임질 것으로 예상되는 것이 무엇인지 확인한다거나 하는 후속 조치가 필요하다. 좋은 계획은 다음과 같은 조건을 만족해야 한다. 이는 단순성, 실현 가능성, 측정 가능성, 즉시성, 통제 가능성, 일관성, 그리고 이행성이다.

♥ 계획하기(Planning)

현실치료의 상담 과정에서 내담자의 욕구를 충족시킬 구체적인 방법을 찾는 것은 중요한 과제이다. 이 단계는 내담자의 욕구를 충족시킬 수 있는 계획을 수립하는 것이다. 내담자가 계획을 세우고 실천하는 과정을 통해 자신의 생활을 효과적으로 통제하고 선택할 수 있게 된다. 만약 계획이 어떤 이유에서건 효과가 없다면 상담자와 내담자는 함께 다른 계획을 수립한다.

우볼딩(Wubbolding©1991)은 효율적인 계획을 수립할 때 고려해야 할 사항을 'SAMIC3'로 표현하고, 다음과 같이 설명했다.

- Simple: 계획은 단순해야 한다.
- Attainable: 계획은 도달할 수 있어야 한다.
- Measurable: 계획은 측정할 수 있어야 한다.
- Immediate: 계획은 즉각적이어야 한다.
- Controlled: 계획은 계획자에 의해 통제되어야 한다.
- Consistent: 계획은 일관성이 있어야 한다.
- Committed: 계획은 이행하겠다는 약속이 담겨 있어야 한다.

스스로가 굉장히 무기력하다고 느껴지거나 시간을 헛되이 쓰고 있다는 생각이 들 때, 정말 이렇게 살면 안 되겠다는 긴박감이 들 때, 너무 무책임하게 청춘을 허비하는 게 아닌가 하는 불안이 밀려올 때 자문자답하는 방식으로 자기를 돌아볼 수 있다.

♥ 욕구 탐색(Want)

이 단계에서 상담자는 내담자에게 "무엇을 원합니까?"라고 질문함으로 자신의 욕구를 충족하는 방법을 발견할 수 있도록 한다. 내담자가 자신이 원하고 있는 것을 정확히 파악할 수 있도록 도와주는 질문에는 다음과 같은 것이 있다.

"당신이 되고 싶었던 사람이 되었다면, 당신은 어떤 사람이 되어 있겠습니까?"

"당신과 가족들이 원하는 것이 다 이루어져 있다면, 지금 당신의 가정은 어떤 모습일 것 같습니까?"

"당신이 원하는 방식대로 살고 있다면, 당신은 지금 무슨 행동을 하고 있겠습니까?"

"진정으로 당신의 삶을 변화시키기를 원합니까?"

"원하는 마음은 크나 삶에서 얻을 수 없는 것으로 보이는 것은 무엇입니까?"

"당신이 원하는 변화를 막고 있는 것이 무엇이라 생각합니까?"

♥ 계획하기(Planning)

현실치료의 상담 과정에서 내담자의 욕구를 충족시킬 구체적인 방법을 찾는 것은 중요한 과제이다. 이 단계는 내담자의 욕구를 충족시킬 수 있는 계획을 수립하는 것이다. 내담자가 계획을 세우고 실천하는 과정을 통해 자신의 생활을 효과적으로 통제하고 선택할 수 있게 된다. 만약 계획이 어떤 이유에서건 효과가 없다면 상담자와 내담자는 함께 다른 계획을 수립한다.

2) 인지행동 치료

인지행동 치료(Cognitive Behavior Therapy)는 사고(思考)나 인지(認知)로 불리는 개인의 내면에서 은밀하게 일어나는 과정이 행동 변화를 중재한다는 이론적 입장을 견지하는 모든 치료접근법을 의미한다.

1960년대 말부터 행동치료를 통한 행동 변화에 문제점들이 제기되면서(문제점으로는 개인이 외부 자극에 의존하는 경우 내적 동기가 유발되지 않는다는 점과 행동 변화가 외부강화로 주어지지 않은 상황에서는 일반화가 되지 않는다는 점) 기통제에 대한 필요성과 사고과정에 대한 중재의 필요성이 대두되었다. 그 결과 행동주의 절차와 결합한 다양한 인지적 치료모델과 전략의 혼합체인 인지행동치료가 출현하게 되었다. 이 장에서는 인지행동치료의 대표적인 알버트 엘리스(Albert Ellis)의 합리적 정서적 행동 치료(REBT)에 대해서만 살펴보고자 한다.

그는 인지행동 치료에서 사람들의 감정과 행동은 모두 인지에서부터 나온다는 견해를 주장한다. 즉, 사람들이 특정한 생각(나는 무가치하다는 생각 등)을 하기에 특정한 감정(우울감 등)과 특정한 행동(자포자기 행동 등)이 나온다는 것이다. 이러한 입장에 따른다면, 부적응을 겪는 사람들을 변화시키기 위한 가장 효율적인 방법은 그 사람의 생각(인지)을 변화시키는 것이다. 그렇게 함으로써 행동과 감정은 저절로 변화된다고 본다. 결국에는 인지행동 치료는 인간의 주된 특성을 인지에서 찾으려 하며, 인지를 변화시킴으로써 다른 모든 것을 변화시킬 수 있다고 믿는다.

인지란 외부 자극의 지각, 기억함에 저장된 내용 (신념·가치·가정·이론·철학 등), 외부 혹은 내적 자극의 처리 (사고·평가·해석·의미부여 등) 등과 같이 인간 내부에서 진행되는 정보처리와 관련되는 제반 과정을 의미한다.

정서는 인간 내부에서 진행되는 일시적인 혹은 장기적인 느낌이나 감정을 의미한다. 인지를 머리 부분의 활동이라면 정서는 가슴 부분의 활동이라 할 수 있다. 즉, 기쁨·분노·두려움과 같은 것은 물론 두뇌 없이 진행될 수는 없지만 주로 생리적인 반응과 직결되어 있다. 그래서 가슴이나 피부로 경험하기에 머리에서만 진행되는 인지활동과 대비해 볼 수 있다. 행동이란 우리가 눈으로 관찰될 수 있는 인간의 측면을 일컫는다. 인지와 정서는 인간의 내부에서 진행되어 관찰될 수 없지만 말하는 것, 몸짓, 기타 움직임과 같은 행동은 우리 눈으로 관찰할 수 있다.

♥ 신경증으로 이끄는 비합리적 신념

인간에게 있어서 해야만 한다는 생각은 불가능한 일이기에 이러한 비합리적 신념은 개인에게 있어서 대부분 비생산적인 것이며 파괴적이기까지 하다. 이러한 비합리적 신념을 계속적으로 사용하고 이것을 당연한 것으로 믿고 있는 사람들은 자기를 비하하고 의기소침하게 된다. 아울러 타인에 대해서도 상상하기 힘들 정도로 가치를 저하시키는 결과를 가져온다. 결과적으로 분노·우울·불안감 등의 부정적 정서상태에 놓이게 된다. 그런데 간략하게 그 원인을 찾자면 자신이 원하는 바와 소망을 요구와 고집으로, 그리고 절대적인 명령으로 상승시켰기 때문이다.

인간은 누구나 비합리적 신념을 갖고 있다. 하지만 그것의 실체와 그것이 현재 우리의 생활 속에서 어떤 영향을 끼치고 있는지 정확하게 직시하는 게 중요하다. 그리고 자신을 변화시켜 보다 합리적인 사고를 할 수 있도록 노력한다면 훨씬 현명하고 행복한 삶을 살 수 있다. 엘리스(Ellis)는 "비합리적 사고는 부모에 의해 학습되고, 사회에 의해 강화되며, 정서장애의 주요 원인이 된다"라고 한다.

① 나는 내가 아는 사람들 모두에게서 사랑받고 인정받아야 한다.

이는 달성하기 불가능한 일이므로 비합리적이다. 주위 사람들에게 사랑받는 것은 바람직한 일이나 합리적인 사람은 자신의 관심과 소망을 타인에게 인정받기 위해서 희생하지는 않는다.

② 나는 모든 면에서 유능하고, 성공하는 가치 있는 존재가 돼야 한다.

이 아울러 불가능한 일로 이것을 억지로 추구하게 되면 결과는 정신적·신체적 질병, 열등감, 무능력, 끊임없이 실패의 공포가 생길 뿐이다. 합리적인 사람은 타인을 능가하기 위해서라기보다 자신을 위해서, 결과보다는 행동을 즐기기 위해서, 완전해지기보다는 학습하기 위해서 노력을 하는 것이다.

③ 어떤 사람이 악하고 비열한 행동을 했다면 그는 비난받고 벌 받는 게 당연하다.

절대적인 선과 악의 기준은 없다고 본다. 악이나 비도덕적 행위는 우둔·무지 또는 정서적 혼란의 결과이다. 사람은 누구나 실수 할 수 있으며 비난이 항상 실수를 개선하는 데 도움이 되는 것도 아니다. 합리적인 사람은 타인의 잘못을 이해하려고 애쓰며 가능하면 잘못된 행동을 계속하지 않으려고 한다. 그러나 이것이 가능하지 않으면 합리적인 사람은 자신의 행동이 자기를 혼란스럽게 하지 않도록 한다.

④ 원하는 일이 뜻대로 되지 않으면 끔찍하고 파멸이 있을 뿐이다.

좌절은 흔히 있는 일이며, 그 때문에 심각하고 오랫동안 혼란 상태에 있다는 것은 비합리적인 일이다. 합리적인 인간은 불유쾌한 장면을 과장하지 않는다. 가능하면 이를 개선하려고 노력하고, 할 수 없다면 이를 받아들인다. 불쾌한 장면은 혼란을 줄 수도 있으나 우리가 그렇게 나쁘게 규정하지 않는 한 파멸적이거나 무서운 것은 아니다.

⑤ **어려움과 자기 책임에 직면하는 것보다 회피하는 것이 더 쉬운 일이다.**

할 일을 회피하는 것이 직면보다 더 어려우며, 이는 자아와 자신감을 상실하는 것을 포함하여 기타 문제를 일으키기 때문에 이는 비합리적인 것이다. 합리적인 사람은 책임을 회피하는 자신을 발견할 때, 그 이유를 분석해서 자기통제를 하고자 노력한다.

⑥ **불행은 외부사건에 의해서 생기는 것이며 사람의 힘으로는 통제할 수 없다.**

정서적 혼란은 외부에서 일어난 사건 자체가 아니며, 자신이 받아들이는 자신의 지각과 평가가 부정적으로 내면화된 것이다. 합리적인 사람은 불행이 주로 자신의 내부로부터 생겨나는 것임을 안다. 아울러 자신의 외부에서 일어난 사건 때문에 초조하거나 괴롭더라도 이 사건에 대한 자기판단을 변화시킴으로써 상황에 대한 부정적인 인식을 변화시킨다.

⑦ **어떤 일이 위험하거나 두려우면 그것에 대해 계속 걱정하고 생각해야만 한다.**

걱정과 불안은 사태를 객관적으로 평가하지 못하도록 하며, 사건이 일어나도 이것을 효과적으로 처리하는 것을 저해한다. 또 위험한 사건을 일으키는 결과를 초래하며, 그 발생 가능성을 과장하여 생각하게 만든다. 사태를 예방할 수도 없고 많은 참혹한 일들을 현실 이상의 악화한 상태로 보게 만들기에 비합리적이다. 따라서 합리적인 사람이라면 잠재적인 위험은 그렇게 두려운 것이 아니다. 불안은 이것을 예방해주는 것이 아니라 이것을 증폭시켜주며 이것이 두려운 사태 그 자체보다도 더 해로운 것임을 알고 있다.

⑧ **사람은 다른 사람에게 의존할 필요가 있으므로 자기 자신보다 더 강하고 기댈 수 있는 사람이 있어야 한다.**

사람들은 어느 정도 타인에게 의존하지만, 의존성은 더 큰 의존성과 실패와 불안정을 가져온다. 합리적인 인간은 스스로 독립성과 책임성을 추구하지만, 도움을 필요로 할 때는 주저 없이 도움을 구하고 또 받아들인다. 때로는 실패도 하지만 모험은 할 만한 것이며, 실패와 파멸만은 아님을 합리적인 사람은 알고 있다.

⑨ **인생에서 과거의 사건은 현재를 결정지으며 과거의 영향은 없어질 수 없다.**
과거를 극복하기는 어렵지만 불가능한 것은 아니다. 합리적인 사람은 과거가 중요함을 인정하지만, 과거의 영향을 분석하고 체험함으로써 얻은 새로운 관점을 가지고 현재는 다르게 행동하도록 자신을 통제함으로써 현재의 행동을 변화시킬 수 있다는 것을 알고 있다.

⑩ **다른 사람의 문제에 대해 많은 관심을 가져야 하며, 그것을 걱정해야 한다.**
타인의 행동에 영향을 받고 그 때문에 혼란을 경험하게 된다고 해도, 그것은 타인의 행동을 어떻게 정의하는가에 달린 일이다. 합리적인 사람은 타인의 행동이 혼란을 일으킬 만한 정당성이 있는지 먼저 생각한다. 그렇다면 타인이 변화할 수 있도록 도움 되는 일을 하거나 변화가 어렵다면 이것을 받아들이고 그에 대한 최선의 노력을 기울인다.

⑪ **모든 문제에는 항상 정답이 있는데 그것을 찾지 못하면 결과는 비참해진다.**
모든 문제에 완전한 해답은 없는데도 그것을 고집하면 불안이나 공포가 생기기 때문에 이것은 비합리적이다. 합리적인 사람은 문제에 대해 가능하고 다양한 해결을 찾으려 노력하고 완전한 해답이 없다고 생각할 때는 최선의 것, 혹은 가장 알맞은 것을 받아들인다.

무기력 핵심 신념
"나는 뭔가 부족하고 무능하며 경쟁력이 없어. 나는 극복할 수 없어."
"나는 무력해. 통제할 수 없고 변화할 수도 없어. 난 갇혔어. 함정에 빠진 피해자야."
"나는 연약하고 힘없으며 궁핍하고 상처받기 쉬운 사람이야."
"나는 열등하고 실패자이며 그리 좋은 사람이 아냐. 다른 사람들의 기대에 맞출 수가 없어."

사랑받지 못할 거라는 핵심 신념
"나를 좋아하거나 원하는 사람은 없을 거야. 못생겼고 지루해. 남들에게 줄 게 없어."
"나는 사랑받지 못하고 나를 찾는 사람은 없을 것이며 무시당할 거야."
"나는 언제나 거절당할 것이고 버려질 것이며 늘 혼자일 거야."
"나는 달라. 결점이 많고 사랑받기엔 부족해."

가치가 없다는 핵심 신념
"나는 무기력해. 받아들여지지 않을 거고 나쁘며 미쳤고 나사가 빠졌으며 아무것도 아니고 쓰레기야."
"남에게 상처를 입힐 것이고 위험하며 독하고 악마야."
"나는 살 가치가 없어."

3) ABCDE 기법: 사례적용법

엘리스(Ellis)에 의해 제기된 인지·정서·행동적 상담(REBT)은 인간이 합리적인 사고와 비합리적인 사고를 동시에 할 수 있는 존재로 본다. 내담자가 가진 비합리적 신념을 논박을 통해 합리적 신념으로 변화시킬 수 있다고 보는 이론이다. 인지·정서·행동적 상담(REBT)은 비합리적 신념을 합리적 신념으로 대체하며 정서적 문제를 해결하도록 돕는다. 내담자가 현실적인 철학을 가질 수 있도록 도울 수 있다. 아울러 자신의 삶에 대한 책임감을 갖고, 발생한 문제에 부딪힐 수 있도록 도전시키는 효과도 가지고 있다.

비합리적 신념은 우리가 상식적으로 알고 있는 범주를 넘어서는 사고를 지닌 사람을 말하며, 그 유형은 무척 다양하다.

- 비합리적 신념의 유형에는 완벽주의, 파괴적 신념, 패배적 신념, 회피주의, 과한 의존성, 두가 공평하다는 신념, 과도한 의심, 세상이 자신의 의지대로 흘러가야 한다는 신념 등이 있다.

- ABCDE 모델: 인간에게 있어서 불안이나 공포와 같은 정서적 결과(emotional consequence: C)는 어떤 사태의 발생(activating events or experiences: A) 그 자체에 의해서라기 보다도, 그 사태에 대해 개인이 가지는 신념체계(Belief system: B), 특히 비합리적인 신념체계(irrational belief system: iB)에 의해서다. 이러한 비합리적인 신념을 합리적으로 대체하기 위한 과정을 ABCDE 모델이라고 하고, 일반적으로 ABCDE까지 5단계로 통용된다. 하지만 마지막 단계인 F가 추가되어 내담자가 갖게 된 감정까지 나타나기도 한다.

좀 더 구체적으로 설명을 하자면,

♥ A(Activating Event): 선행사건
내담자에게 실제 일어난 사건으로 감정에 직접 영향을 미친 일을 말한다.

♥ B(Belief System): 비합리적 신념체계
앞서 일어난 선행사건으로 인해 내담자에게 발생한 적절하지 못한 신념체계를 말한다.

♥ C(Consequence): 결과
앞의 두 단계를 통해 일어난 일로 인해 내담자가 느끼게 되는 정서적 또는 행동적 결과를 말한다.

♥ D(Dispute): 논박
내담자가 비합리적 신념체계를 갖고 있으면 상담자가 개입하여 이를 논리적이고 실용적으로 반박함으로써 옳은 방향으로 사고할 수 있도록 생각을 수정하는 과정이다.

♥ E(Effect): 효과
상담자가 개입하며 생각을 수정함으로써 나타나는 효과를 말하며, 내담자는 합리적인 생각을 할 수 있게 된다.

♥ F(Feeling): 감정
내담자가 합리적인 생각을 할 수 있게 되며, 이로 인해 느끼게 되는 최종적인 감정을 말하는 단계이다.

※ 주의점: 논박에 있어서 내담자의 인격을 모독하여서는 안 되고, 내담자의 비합리적 신념에 대해서만 논박한다.

인간의 불행과 정서적 혼란은, 타고난(생득적·生得的) 경향성 및 부모와 문화에 의해 형성된 초기의 비합리적이고 비논리적인 사고와 신념체계가 자기 언어화를 통해 계속 자기를 강화하고 있기 때문으로 볼 수 있다. 따라서 자신의 불행과 정서적 혼란에서 벗어나려면 이러한 비합리적인 신념체계(iB)를 합리적인 신념체계(rB)로 바꾸어야 한다. 이렇게 비합리적인 신념체계를 합리적인 신념체계로 바꾸기 위해 비합리적인 신념체계에 대한 논박(disputing: D)을 강조하고 있다. 내담자가 자신의 비합리적인 신념을 적극적으로 논박하고 합리적 신념이 타당하다는 것을 실증하게 되면, 논박의 결과로 효과(effect: E)가 나타나게 된다.

ABCDE 분석 연습
A: 취직 시험에 응시했는데 떨어졌다
B: 이러한 사태에 대한 비합리적 신념은 무엇인가?
C: 이 사태에 대한 비합리적 신념으로 인하여 어떠한 정서를 경험하게 되는가?
D: 이 사태에 대한 비합리적 신념은 어떻게 논박될 수 있는가?
E: 비합리적 신념이 적절하게 논박하였을 경우 어떠한 효과를 거둘 수 있을까?

사례 ①

A: 제가 하고 싶은 일은 인기 있는 아나운서가 되는 거예요. 그런데 요즈음은 공부고 뭐고 다하기 싫어요. 제가 하고 싶은 일을 하면서 살 수도 없는걸요. 전 키가 작아서 아무리 노력해도 아나운서가 될 수 없어요. 인간으로서 끝장이죠 뭐.

B: 이러한 사태에 대한 비합리적 신념은 무엇인가?

C: 이 사태에 대한 비합리적 신념으로 인하여 어떠한 정서를 경험하게 되는가?

D: 이 사태에 대한 비합리적 신념은 어떻게 논박될 수 있는가?

E: 비합리적 신념이 적절하게 논박하였을 경우 어떠한 효과를 거둘 수 있을까?

사례 ②

A: 저는 한번 직장에 취직하면 그것이 나의 영원한 직장이라고 생각하고 입사해서 지금까지 저의 최선을 다하여 봉직하였습니다. 그런데 어느 날 갑자기 예고도 없이 저를 해고자의 명단에 올려놓았습니다. 어떻게 사람을 이렇게 배신할 수가 있습니까? 제 노력의 대가가 고작 이렇게 비참한 최후로 끝나야 한단 말입니까? 너무 억울하고 분해서 견딜 수가 없습니다. 어떻게 저에게 이런 일이 있을 수 있습니까? 선생님, 저는 정말 미치도록 분하고 억울합니다.

B: 이러한 사태에 대한 비합리적 신념은 무엇인가?

C: 이 사태에 대한 비합리적 신념으로 인하여 어떠한 정서를 경험하게 되는가?

D: 이 사태에 대한 비합리적 신념은 어떻게 논박될 수 있는가?

E: 비합리적 신념이 적절하게 논박하였을 경우 어떠한 효과를 거둘 수 있을까?

사례 ③

A: 세상인심이란 것이 참 야박하다는 생각이 들 때가 많아요. 학벌로만 사

람의 능력을 평가하고 진단하는 이 세태에 정말 주눅이 듭니다. 서울에 있는 학교에는 대기업에서 채용 리쿠르트도 많이 나온다고 하던데…저희 학교에는 아예 나오지도 않았습니다. 세상에 이런 식으로 사람을 차별하다니요. 이런 세상 그냥 이민이나 가고 싶습니다.

B: 이러한 사태에 대한 비합리적 신념은 무엇인가?
C: 이 사태에 대한 비합리적 신념으로 인하여 어떠한 정서를 경험하게 되는가?
D: 이 사태에 대한 비합리적 신념은 어떻게 논박될 수 있는가?
E: 비합리적 신념이 적절하게 논박하였을 경우 어떠한 효과를 거둘 수 있을까?

사례 ④

A: 대학원을 졸업한 지도 벌써 2년이나 지났습니다. 더는 부모님께 용돈을 타서 쓰는 것도 염치가 없습니다. 도대체 제 인생이 왜 이러해야 하나요? 저는 정말 번듯한 직장에서 월급한번 받아보는 것이 소원입니다. 저는 요즘 정말 괴롭습니다. 때로는 죽고 싶다는 생각도 들어요.

B: 이러한 사태에 대한 비합리적 신념은 무엇인가?
C: 이 사태에 대한 비합리적 신념으로 인하여 어떠한 정서를 경험하게 되는가?
D: 이 사태에 대한 비합리적 신념은 어떻게 논박될 수 있는가?
E: 비합리적 신념이 적절하게 논박하였을 경우 어떠한 효과를 거둘 수 있을까?

사례 ⑤

A: 이번이 벌써 5번째 인터뷰입니다. 이렇게 연거푸 합격하지 못하고 보니 삶에 회의가 듭니다. 미역국을 먹어도 한두 번이지요. 너무 많이 먹고 보니 내가 참 한심한 인간이라는 생각에 밤잠을 설칩니다. 일하기 싫은 사

람은 밥도 먹지 말라고 했는데…내 뜻대로 되지 않는 세상에서 살고 싶지 않습니다.
B: 이러한 사태에 대한 비합리적 신념은 무엇인가?
C: 이 사태에 대한 비합리적 신념으로 인하여 어떠한 정서를 경험하게 되는가?
D: 이 사태에 대한 비합리적 신념은 어떻게 논박될 수 있는가?
E: 비합리적 신념이 적절하게 논박하였을 경우 어떠한 효과를 거둘 수 있을까?

4) 상담의 기술: 세련되지 않은 기술, 세련된 기술

내담자의 증상을 다소 약화하거나 여러 가지 제약에 의해 세련된 기술을 적용할 여건이 되지 못했을 때 사용하는 기술을 '세련되지 않는 기술'이라 한다.

① 전환(diversion)
- 우는 아이에게 사탕을 주면 일시적으로 울음을 그치면. 어른도 스포츠 등을 통해 기분이나 분위기를 전환함으로써 요구를 보류함

② 요구충족(satisfying demands)
- 내담자가 원하는 요구를 되도록 빨리 그리고 내담자가 요구하는 수준까지 충족해주는 것이다. 내담자의 요구를 충족해 주지 못하면 내담자에게 빠른 시간내 그 요구를 충족해준다는 확신을 심어주거나, 그 요구를 충족시켜 준다는 확신을 심어 주거나, 그 요구를 충족하는 방법을 가르쳐 주는 것이다.

③ 마술(magic)
- 내담자에게 어떤 것을 맹목적으로 믿게 하는 것이다. 예) "참고 견디면 틀림없이 고생한 것만큼 즐거운 일이 있기 마련이다.", "결국은 그 사람이 너에게 와서 무릎을 꿇고 앉아 용서를 빌 것이다." 등의 말을 무조건 믿게 하는 것이다.

④ 요구 포기(giving up demandingness)
내담자의 요구를 최소로 줄이고 인내심을 최대로 기르도록 내담자에게 권하는 기술이다. 즉 요구의 수와 요구수준을 가능한 줄이고 낮추어 그 요구를 잘 참아내도록 내담자에게 권하는 것이다.

내담자가 행동의 변화와 철학적 또는 인지적 재구조화에까지 도달하도록 하는 기술을 '세련된 기술'이라 한다.

① 인지적 기술
내담자가 자기파괴적 자기 진술을 더 계속하지 않도록 내담자의 비합리적인 신념체계에 대하여 논박, 논쟁, 도전, 설명하고 가르치는 것이다.

- 내담자의 비합리적인 신념에 대하여 상담자가 논박 : 내담자가 정서적 혼란을 겪고 있는 것은 어떤 사태나 경험 때문이 아니고, 이러한 사태에 대해 계속 비합리적으로 자기 진술을 하게 하는 비합리적 신념 때문이라는 것을 내담자에게 보여준다.
- 인지적 과제: 내담자의 내면화된 비합리적인 자기 진술을 긍정적인 자기 진술로 대치하도록 상담자가 내담자에게 과제를 낸다.
- 내담자의 비합리적 신념에 대한 내담자의 논박: 내담자가 자신의 가장

대표적인 비합리적인 신념을 택하여, 적어도 하루에 10분 이상씩 체계적 방법으로 그것을 논박한다.
- 독서법: 합리적 정서적 접근에 대한 책을 읽게 한다.
- 새로운 자기 진술 사용: 상담자는 내담자가 자기 파괴적인 신념을 논박할 수 있게 한 후에 내담자가 합리적인 자기 진술과 건설적인 자기 가정을 할 수 있도록 가르친다.

② 정서적 환기 기술(emotional-evocative techniques)
- 내담자가 자신의 혼란된 정서에 접할 수 있게 하고 이러한 혼란된 정서를 바꾸는 데 대해 행동적으로 어떤 것을 할 수 있도록 하는 기회를 제공하는 데 중점을 둔다.
- 내담자가 자신을 정직하게 나타내도록 하고, 자신의 부정적 느낌을 인정하게 하며, 정서적 모험을 경험하게 하고 여러 가지 방법으로 자신을 개방하도록 도와주려는데 중점을 둔다.
- 내담자의 어떠한 행동도 조건 없이 수용한다.
- 내담자가 가지고 있는 비합리적인 신념이 무엇인지와 그것이 인간관계에서 어떻게 좋지 않은 영향을 미치고 있는지를 생생하게 보여주기 위해 역할연기가 사용된다.
- 내담자가 정서적 혼란을 겪고 있는 문제에 대해 자신과는 다르게 생각하고 느끼고 행동하는 사람들의 시법을 보여주는 것이 내담자의 문제 환기에 도움이 될 수 있다.
- 이치에 맞지도 않는 생각 때문에 일어나는 내담자의 불안을 줄여주기 위해 유머가 사용되기도 한다.
- 내담자가 비생산적이고 자기 파괴적인 생각을 버리고 보다 합리적이고 생산적인 생각을 하도록 강력하게 권고하기도 한다.

- 내담자에게 모험을 해보도록 한다.
- 내담자가 자신을 있는 그대로 드러내도록 한다.
- 내담자에게 즐거움을 주는 기술을 사용할 수도 있다.

③ 행동적 기술
- 내담자에게 어떤 행동을 하게 하여 이를 통해 그의 신념체계를 변화시키고, 이 변화된 신념체계를 통해 혼란된 정서에서 벗어나게 하며, 나아가 보다 생산적인 행동을 할 수 있도록 한다.
- 조작적 조건형성의 원리를 사용한다.
- 불안을 일시적으로 경감시키기 위해 신체적 이완 방법을 활용한다.
- 합리적 정서적 심상법(Rational Emotive Imagery·心象法·이상적 감정 이미지 활용법)을 사용한다.

5) 합리적 정서적 심상법의 단계

준비단계: 눈을 감고, 숨을 길게 들이쉬다가 한껏 내쉬십시오.

♥ **1단계**
가장 최악의 상태를 상상하십시오.
(예: 나의 애인이 나를 버리고 내 친구와 결혼하였습니다.)

♥ **2단계**
그때 당신의 느낌이 어떻습니까?
(예: 너무나 불쾌하고 우울하고 세상살 맛을 모두 잃어버렸습니다. 한마디

로 망연자실했습니다.)

♥ 3단계
당신의 느낌을 부정적이지만 건강한 정서로 바꾸어 보십시오.
(예시: 네, 굉장히 속상하고 마음이 아팠습니다.)

♥ 4단계
부정적이지만 건강한 정서로 바꾸기 위해서 어떤 노력을 했습니까?
(예시: 나의 애인이 나를 버리고 내 친구와 결혼을 한 것은 상상하기 어려운 일이긴 하지만 있을 수도 있는 일이라고 생각했습니다.)

♥ 5단계
계속해서 그 생각을 유지하도록 어떤 노력을 하겠습니까?
(예시: 앞으로 이 생각이 내 생각이 될 때까지 하루에 10번씩 마음속으로 되뇌고, 마치 영어단어를 외우듯이 계속해서 써보겠습니다.)

♥ 6단계
당신이 좋아하는 것과 싫어하는 것은 무엇입니까?
(예: 좋아하는 것은 음악 듣기이고 싫어하는 것은 설거지하기입니다.)

♥ 7단계
당신이 만약 숙제를 마무리하면 음악을 하루에 30분 이상씩 듣고 숙제를 못하면 설거지를 하루에 3번씩 하십시오.

6) 조하리의 창(의사소통)

나의 인간관계는 어떠한가? 나의 인간관계는 어떤 유형에 속하는가? 나는 다른 사람에게 나의 모습을 잘 내보이는가? 또 다른 사람이 나에 대해서 어떤 생각을 지지고 있는지 잘 아는가? 인간관계에서 나 자신을 다른 사람에게 내보이는 일은 매우 중요하다. 이를 자기공개(self-disclosure)라고 하며 인간관계를 심화시키는 중요한 요인으로 알려져 있다.

이렇게 자신을 다른 사람에게 나타내 보이는 점에 있어서 사람마다 차이가 있다. 또 인간관계에서 다른 사람들이 나에 대해 어떻게 느끼고 있는지를 잘 아는 일 역시 중요하다. 타인은 나를 비춰주는 사회적 거울 (social mirror)라는 말이 있듯이, 다른 사람의 반응 속에서 나의 모습을 비쳐보는 일이 중요하다. 이렇게 다른 사람을 통해 대한 피드백(feedback)을 얻음으로써 자기이해가 깊어지고 자신의 행동에 대한 조절능력이 증대된다.

자기공개와 피드백의 측면에서 우리의 인간관계를 진단하는 방법이 조하리의 '마음의 창(Johari's window of min)'이다. 조하리의 창은 심리학자인 조셉 러프트(Joseph Luft)와 해리 잉햄(Harry Ingham)에 의해서 개발되었다. 두 사람의 이름을 합성하여 '조하리(Joe + Harry=Johari)의 창'이라고 명명되었다. 조하리의 창을 이용하여 자신의 인간관계를 살펴보도록 하자. 먼저 다음물음에 대해 자신을 평가해 보자.
조하리의 창은 개인의 자기공개와 피드백의 특성을 보여주는 네 영역으로 구분된다. 네 영역은 각각 공개적 영역, 맹목의 영역, 숨겨진 영역, 미지의 영역으로 나뉜다.

첫째, 공개적 영역(open area)은 나도 알고 있고 다른 사람에게도 알려진 나에 관한 정보를 의미한다.

둘째, 맹목의 영역(blind area)은 나는 모르지만 다른 사람은 알고 있는 나의 정보를 뜻한다. 사람은 이상한 행동습관, 특이한 말버릇, 독특한 성격과 같이 '남들은 알고 있으나 자신은 모르는 자신의 모습'이 있는데 이를 '맹목의 영역'이라고 할 수 있다.

셋째, 숨겨진 영역(hidden area)은 나는 알고 있지만 다른 사람에게는 알려지지 않은 정보를 의미한다. 달리 말하면, 나의 약점이나 비밀처럼 다른 사람에게 숨기는 나의 부분을 뜻한다.

마지막으로 '미지의 영역(unknown area)'은 나도 모르고 다른 사람도 알지 못하는 나의 부분을 의미한다. 심층적이고 무의식의 정신세계처럼 우리 자신에게 알려져 있지 않은 부분이 미지의 영역에 해당한다. 그러나 자신의 행동과 정신세계에 대한 지속적인 관심과 관찰을 통해서 이러한 부분은 자신에게 의식될 수 있다.

사람마다 마음의 창 모양이 다르다. 개인이 인간관계에서 나타내는 자기공개와 피드백의 정도에 따라 마음의 창을 구성하는 4영역의 넓이가 달라진다. 이렇게 다양하게 나타나는 창모양은 어떤 영역이 가장 넓은가에 따라 크게 4가지 유형으로 구분될 수 있다.

첫째는 개방형으로서 공개적 영역이 가장 넓은 사람이다.
개방형은 대체로 인간관계가 원만한 사람들이다. 이들은 적절하게 자기표현을 잘할 뿐만 아니라 다른 사람의 말도 잘 경청할 줄 아는 사람들로서 다른 사람에게 호감과 친밀감을 주게 되어 인기가 있다. 그러나 지나치게 공개적영역이 넓은 사람은 말이 많고 주책스런 경박한 사람으로 비쳐질 수도 있다.

둘째 유형은 맹목의 영역이 가장 넓은 자기주장형이다.

이들은 자신의 기분이나 의견을 잘 표현하며 나름대로 자신감을 지닌 솔직하고 시원시원한 사람일 수 있다. 그러나 이들은 다른 사람의 반응에 무관심하거나 둔감하여 때로는 독단적이며 독선적인 모습으로 비쳐질 수 있다. 자기주장형은 다른 사람의 말에 좀더 진지하게 귀를 기울이는 노력이 필요하다.

셋째는 신중형으로서 숨겨진 영역이 가장 넓은 사람이다.

이들은 다른 사람에 대해서 수용적이며 속이 깊고 신중한 사람들이다. 다른 사람의 이야기는 잘 경청하나 자신의 이야기는 잘 하지 않는 사람들이다. 이들 중에는 자신의 속마음을 잘 드러내지 않는 크레믈린형의 사람이 많으며 계산적이고 실리적인 경향이 있다. 이러한 신중형은 잘 적응하지만 내면적으로 고독감을 느끼는 경우가 많으며 현대인에게 가장 많은 유형으로 알려져 있다. 신중형은 자기개방을 통해 다른 사람과 좀 더 넓고 깊이 있는 교류가 필요하다.

마지막으로 미지의 영역이 가장 넓은 고립형이 있다.

이들은 인간관계에 소극적이며 혼자 있는 것을 좋아하는 사람들이다. 다른 사람과 접촉하는 것을 불편해하거나 무관심하여 고립된 생활을 하는 경우가 많다. 이런 유형 중에는 고집이 세고 주관이 지나치게 강한 사람도 있으나 대체로 심리적인 고민이 많으며 부적응적인 삶을 살아가는 사람들도 많다. 고립형은 인간관계에 좀 더 적극적이고 긍정적인 태도를 가질 필요가 있다. 인간관계의 개선을 위해서는 일반적으로 미지의 영역을 줄이고 공개적 영역을 넓히는 것이 바람직하다.

아래에 인간관계에서 나타날 수 있는 일반적인 행동양식이 기술되어 있습니다. 각 항목들이 자신의 행동양식을 얼마나 잘 나타내는지를 1에서 10점까지의 점수로 표시해 주십시오.

	그렇지 않다			그저 그렇다				매우 그렇다		
1. 나는 잘 몰랐을 경우에는 이를 바로 인정한다.	1	2	3	4	5	6	7	8	9	10
2. 나는 다른 사람의 잘못을 지적할 필요가 있을 때에는 직접 말한다.	1	2	3	4	5	6	7	8	9	10
3. 나는 납득하기 어려운 지시를 받을 경우 지시한 이유를 물어본다.	1	2	3	4	5	6	7	8	9	10
4. 나의 의견에 대해 남들이 어떻게 생각하는지 물어본다.	1	2	3	4	5	6	7	8	9	10
5. 나는 느낌을 솔직하게 표현한다.	1	2	3	4	5	6	7	8	9	10
6. 다른 사람의 감정을 존중한다.	1	2	3	4	5	6	7	8	9	10
7. 나는 걱정거리가 생길 경우, 터놓고 의논한다.	1	2	3	4	5	6	7	8	9	10
8. 나 혼자 이야기를 계속하여 남을 짜증나게 하지 않는다.	1	2	3	4	5	6	7	8	9	10
9. 나는 진심으로 남의 이야기를 들어준다.	1	2	3	4	5	6	7	8	9	10
10. 나는 아이디어를 권장하고 대화를 독단적으로 끌고 가지 않는다.	1	2	3	4	5	6	7	8	9	10
11. 내 잘못을 숨기거나 남의 탓으로 돌리지 않는다.	1	2	3	4	5	6	7	8	9	10
12. 나는 다른 사람의 충고를 잘 받아들인다.	1	2	3	4	5	6	7	8	9	10
13. 나는 달가운 일이 아닐지라도 남들이 알아야 할 사항이라면 알려준다.	1	2	3	4	5	6	7	8	9	10
14. 남의 의견이 나와 다를 경우, 나의 생각을 말하고 함께 검토해 본다.	1	2	3	4	5	6	7	8	9	10
15. 나는 말하기 거북한 내용을 거리낌없이 말한다.	1	2	3	4	5	6	7	8	9	10
16. 나는 변명을 하지 않고 비판에 귀를 기울인다.	1	2	3	4	5	6	7	8	9	10
17. 나는 있는 그대로를 나타내며 가식이 없는 편이다.	1	2	3	4	5	6	7	8	9	10
18. 나에게 찬성하지 않는다고 남의 마음을 상하게 하지 않는다.	1	2	3	4	5	6	7	8	9	10
19. 나는 다른 사람에게 그들의 생각을 발표하도록 권장한다.	1	2	3	4	5	6	7	8	9	10
20. 나는 확신하는 것을 굽히지 않고 말한다.	1	2	3	4	5	6	7	8	9	10

번호	1	2	5	7	11	13	14	15	17	20	총점(S)
값											
번호	3	4	6	8	9	10	12	16	18	19	총점(L)
값											

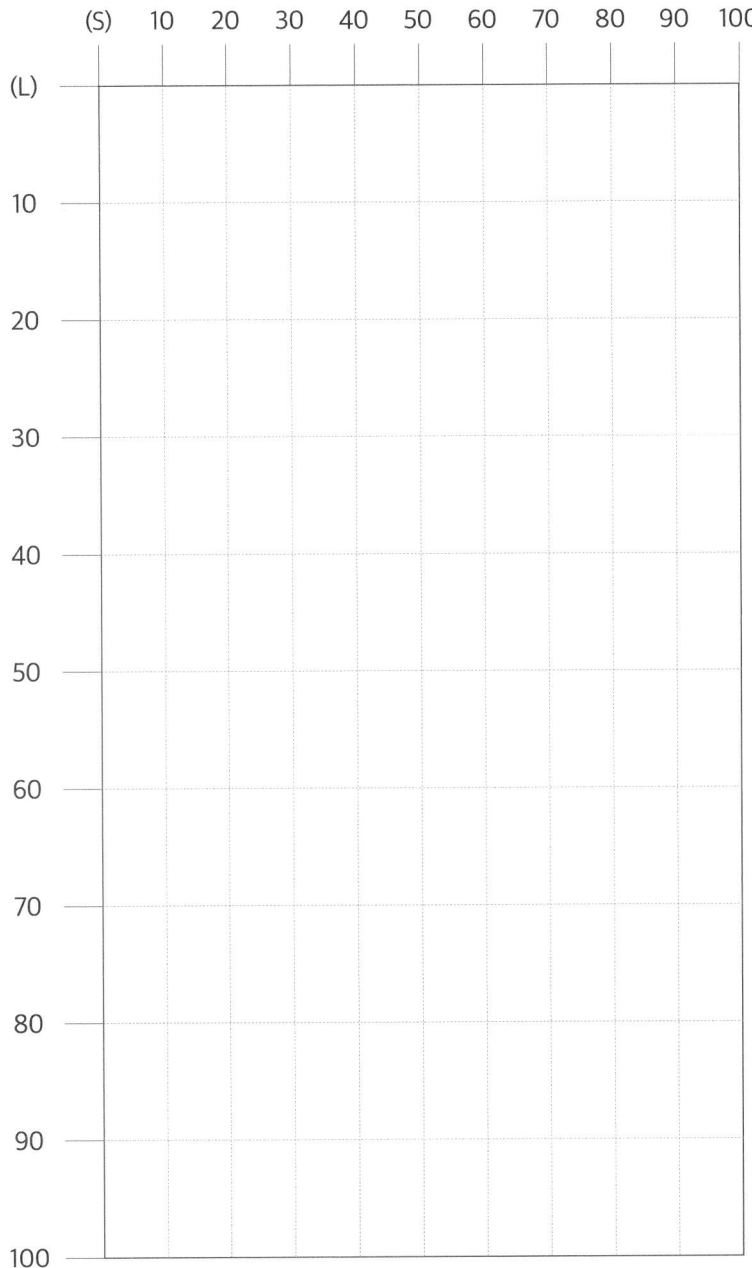

7) 사티어 의사소통 유형 검사지

💗 **다음 글을 읽고 자신에게 해당하는 문항의 괄호 안에 O를 하시오.**

A. 나는 상대방이 불편하게 보이면 비위를 맞추려고 한다. (　)
B. 나는 일이 잘못되었을 때 자주 상대방의 탓으로 돌린다. (　)
C. 나는 무슨 일이든지 조목조목 따지는 편이다. (　)
D. 나는 생각이 자주 바뀌고 동시에 여러 가지 행동을 하는 편이다. (　)
E. 나는 타인이 평가에 구애받지 않고 내 의견을 말한다. (　)

A. 나는 관계나 일이 잘못되었을 때 자주 내 탓으로 돌린다. (　)
B. 나는 다른 사람들의 의견을 무시하고 내 의견을 주장하는 편이다. (　)
C. 나는 이성적이고 차분하며 냉정하게 생각한다. (　)
D. 나는 다른 사람들로부터 정신이 없거나 산만하다는 소리를 듣는다. (　)
E. 나는 부정적인 감정도 솔직하게 표현한다. (　)

A. 나는 지나치게 남을 의식해서 내 생각이나 감정을 표현하는 것을 두려워한다. (　)
B. 나는 내 의견이 받아들여지지 않으면 화가 나서 언성을 높인다. (　)
C. 나는 나의 견해를 분명하게 표현하기 위해 객관적인 자료를 자주 인용한다. (　)
D. 나는 상황에 적절하지 못한 말이나 행동을 자주 하고 딴전을 피우는 편이다. (　)
E. 나는 다른 사람이 내게 부탁을 할 때 내가 원하지 않으면 거절한다. (　)

A. 나는 사람들의 얼굴 표정·감정·말투에 신경을 많이 쓴다. (   )

B. 나는 타인의 결점이나 잘못을 잘 찾아내어 비판한다. (   )

C. 나는 실수하지 않으려고 애를 쓰는 편이다. (   )

D. 나는 곤란하거나 난처할 때는 농담이나 유머로 그 상황을 바꾸려 하는 편이다. (   )

E. 나는 나 자신에 대해 편안하게 느낀다. (   )

A. 나는 타인을 배려하고 잘 돌보아주는 편이다. (   )

B. 나는 명령적이고 지시적인 말투를 자주 사용하기 때문에 상대가 공격받았다는 느낌을 받을 때가 있다. (   )

C. 나는 불편한 상황을 그대로 넘기지 못하고 시시비비를 따지는 편이다. (   )

D. 나는 불편한 상황에서는 안절부절못하거나 가만히 있지를 못한다. (   )

E. 나는 모험하는 것을 두려워하지 않는다. (   )

A. 나는 다른 사람들이 나를 싫어할까 두려워서 위축되거나 불안을 느낄 때가 많다. (   )

B. 나는 사소한 일에도 잘 흥분하거나 화를 낸다. (   )

C. 나는 현명하고 침착하지만 냉정하다는 말을 자주 듣는다. (   )

D. 나는 한 주제에 집중하기보다는 화제를 자주 바꾼다. (   )

E. 나는 다양한 경험에 개방적이다. (   )

A. 나는 타인의 요청을 거절하지 못하는 편이다. (   )

B. 나는 자주 근육이 긴장되고 목이 뻣뻣하며 혈압이 오르는 것을 느끼곤 한다. (   )

C. 나는 나의 감정을 표현하는 것이 힘들고 혼자인 느낌이 들 때가 많다. (   )

D. 나는 분위기가 침체해 있거나 지루해지면 분위기를 바꾸려 한다. (   )
E. 나는 나만의 독특한 개성을 존중한다. (   )

A. 나는 나 자신이 가치가 없는 것 같아 우울하게 느껴질 때가 많다. (   )
B. 나는 타인으로부터 비판적이거나 융통성이 없다는 말을 자주 듣기도 한다. (   )
C. 나는 목소리가 단조롭고 무표정하며 경직된 자세를 취하는 편이다. (   )
D. 나는 불안하면 호흡이 고르지 못하고 머리가 어지러운 경험을 하기도 한다. (   )
E. 나는 누가 나의 의견에 반대해도 감정이 상하지 않는다. (   )

A. 회유 형 (   )   B. 비난 형 (   )   C. 초이성 형 (   )
D. 산만 형 (   )   E. 일치 형 (   )

8) 그림책을 이용한 연상기법 적용하기

정신분석가 프로이드는 인간이 경험하는 사건, 감정, 충동은 무의식적인 성적 본능과 공격적 본능에 의해 결정된다고 보았다. 개인이 경험하는 현재의 어려움과 성격 특성의 원인은 생후6년 동안의 경험, 아동기의 중요한 사건과 소망, 그리고 그것이 만들어 낸 환상에 있었다. 무의식적 조각과 패턴으로 남아 개인에게 지속적인 영향을 미쳤다. 6년의 기간에 걸쳐 '자유연상'의 개념을 발전시킨 프로이드는 환자가 자유연상을 하는 동안 생각을 멈추지 않고 방해받지 말라고 요청했으며 생각하는 모든 것을 말하도록 장려했다.

정신분석 치료에서는 미처 인식하지 못한 채 반복되었던 패턴을 인식하고 통제할 수 있도록 하며, 나아가 성격 구조를 재구성할 수 있도록 촉진하였다. 자유연상은 내담자의 무의식적 자료를 탐색하기 위해 사용하는 기법이다. 자신의 마음에 떠오르는 어떤 생각이든 거르거나 선택하지 않고 말하며, 자신의 의식 흐름을 수동적으로 관찰하는 사람이 되어 마치 창밖으로 보이는 풍경의 모습을 설명하듯 전달하는 것이다. 분석자가 환자의 비밀과 무의식적 소원을 분별할 수 있도록 도와준다.

즉 자유연상은 무의식적 마음에 접근하는 데 상당히 쉽다. 아울러 자유연상을 위해서 최면을 사용할 필요도 없다. 정신분석에서는 '무의식이 인간행동의 진정한 장소'라고 말할 정도로 무의식세계를 존중한다. 우리가 말실수를 하거나, 단어를 잊어버리거나, 했던 말을 반복하는 실수를 하는 것 아울러 이유가 없지는 않다. 자크라깡은 "무의식은 언어처럼 구조화되어 있다"라고 할 정도로 우리의 무의식적 언어는 심리적 치료에 굉장히 중요한 단서가 된다.

지그문트 프로이트는 "표현되지 않은 감정은 단언컨대 죽지 않는다. 그 감정은 산 채로 묻혀 있고, 추한 방법으로 표출 될 것이다"라고 하였다. 즉 무의식을 표출하여 분석하여 해석함으로써 내면의 불편함이나 갈등을 통한 충돌의 원인을 제거하는 것이 곧 치료가 된다는 것이다.

자유연상의 예시로, '콩쥐 팥쥐'와 '선녀와 나무꾼'의 동화책을 선정했다. 이 책들은 대중적인 책이다. 두 편의 동화책을 통해서 어떤 책이든 '자유 연상'을 적용할 수 있다. 아울러 10개의 단어만으로 무의식을 꺼낼 수 있으며 그것에 따른 삶의 이야기를 무궁무진하다. 우리가 '자유연상'이란 단어를 사용하지 않더라도 일상에서 연상기법을 다양하게 사용하고 있음을 알 수 있게 된다.

① 콩쥐 팥쥐 (단어연상)

순서	원 단어	1차 연상	2차 연상
1	콩쥐	(예: 착한 딸)	(예: 자기감정 No 표출)
2	새엄마		
3	밥상		
4	쇠 호미		
5	모래밭		
6	나무 호미		
7	구멍 난 독		
8	두꺼비		
9	외갓집		
10	부친		
11	연못		

12	병		
13	연꽃		
14	어미		
15	구슬		
16	아궁이		
17	팥쥐		
18	노파		
19	구두(신발)		
20	돌밭		

② 선녀와 나무꾼 (단어연상)

순서	원 단어	1차 연상	2차 연상
1	총각		
2	홀어머니		
3	가난	(예: 싫다)	(예: 지친다)
4	풀칠		
5	폭포		

6	상처		
7	은혜		
8	목욕		
9	날개옷		
10	선녀		
11	아내		
12	천리마		
13	새벽닭		
14	혼인식		
15	슬픈 얼굴		
16	노루		
17	나무꾼		
18	보름달		
19	두레박		
20	하늘		

9) 융이 고안한 연상실험의 자극어(刺戟語) 표(1908)

1	머리	26	푸른	51	개구리	76	씻는다
2	초록색	27	동물	52	헤어지게 하다	77	젖소
3	범죄	28	죄짓는다	53	굶주림	78	낯선
4	노래한다	29	밥	54	하얀	79	행복
5	죽음	30	풍부한	55	아이	80	거짓말을 한다
6	길다란	31	나무	56	감시한다	81	예의범절
7	갈등	32	찌른다	57	연필	82	좁은
8	돈낸다	33	동정	58	슬픈	83	형제
9	창문	34	노란	59	살구	84	두려워한다
10	친절한	35	산	60	결혼한다	85	황새
11	책상	36	죽는다	61	집	86	틀린
12	질문한다	37	소금	62	사랑스러운	87	불안
13	마을	38	새로운	63	유리컵	88	키스한다
14	추운	39	습관	64	다툰다	89	새색시
15	줄기	40	기도한다	65	모피	90	맑은
16	춤춘다	41	돈	66	커다란	91	문
17	호수	42	어리석은	67	당근	92	선택한다
18	병든	43	공책	68	칠한다	93	마른 풀
19	자존심	44	경멸한다	69	부분	94	만족한
20	요리한다	45	손가락	70	늙은	95	비웃음
21	잉크	46	고급스러운	71	꽃	96	잠잔다
22	나쁜	47	새	72	때린다	97	달력
23	바늘	48	떨어진다	73	상자	98	멋진
24	헤엄친다	49	책	74	사나운	99	여자
25	여행	50	부정한	75	가족	100	욕한다

10) 이고그램 성격검사 (교류분석)

성명		성별	남 / 여	연령	만 세
결혼	유 / 무	직업			

> **5** 언제나 그렇다(매우 긍정)　**4** 자주 그렇다(약간 긍정)　**3** 그저 그렇다(보통)
> **2** 좀처럼 그렇지 않다(약간 부정)　**1** 전혀 그렇지 않다(매우 부정)

해당 번호를 찾아 오른쪽 ○가 표시된 속에 숫자를 써 넣으시오.

문항					
1. 다른 사람을 헐뜯기보다 칭찬을 한다.	○				
2. 사태의 흑백을 명백히 가리지 않으면 마음이 편치 않다.	○				
3. 무슨 일을 할 때 좀처럼 결심할 수가 없다.					○
4. 나는 명랑하게 행동하고 장난을 잘 친다.				○	
5. 말이나 행동을 냉정하고 침착하게 한다.			○		
6. 성미가 급하고 화를 잘 낸다.	○				
7. 인정(人情)을 중요시한다.	○				
8. 호기심이 강하고 창의적인 착상을 한다.				○	
9. 사물의 정돈을 잘 한다.			○		
10. 농담하거나 익살부리기를 잘 한다.				○	
11. 의존심이 강하다.					○
12. 상대의 이야기를 경청하고 공감하기를 잘한다.	○				
13. 상대의 부정(不正)이나 실패에 대하여 엄격하다.	○				

14. 어려움에 처해 있는 사람을 보면 도와주고 싶어 한다.	○			
15. 숫자나 자료(data)를 사용해서 이야기한다.		○		
16. 제멋대로 말하거나 행동한다.			○	
17. 후회(後悔)의 생각에 사로잡힌다.				○
18. 좌절감을 맛보는 경우가 많다.				○
19. 6하원칙(누가·언제·어디서…)에 따라 사리를 따지거나 설명한다.		○		
20. 일을 능률적으로 수행한다.		○		
21. 요령이 없고 주저주저한다(머뭇거린다).				○
22. 무슨 일이나 사실에 근거해 객관적으로 판단한다.		○		
23. 다른 사람으로부터 부탁을 받으면 거절하지 못한다.	○			
24. 주변 사람에게 긴장감을 준다.	○			
25. 봉사활동에 즐겨 참여한다.	○			

5 언제나 그렇다(매우 긍정) **4** 자주 그렇다(약간 긍정) **3** 그저 그렇다(보통)
2 좀처럼 그렇지 않다(약간 부정) **1** 전혀 그렇지 않다(매우 부정)

	5	4	3	2	1
26. 배려나 동정심이 강하다.		○			
27. 신이 나면 도가 지나쳐 실수를 한다.			○		
28. 타인의 장점보다 결점이 눈에 띈다.	○				
29. 타인의 반대에 부딪히면 자신 생각을 바꾸고 만다.				○	
30. 다른 사람에 대해 온화하고 관대하다.		○			
31. 상대방의 말을 가로막고 그의 생각을 바꾸게 한다.	○				
32. 오락이나 술·음식물 등을 만족할 때까지 취한다.			○		
33. 계획을 세우고 나서 실행한다고 생각한다.		○			
34. 완고하고 융통성이 전혀 없다.	○				
35. '타인의 표정을 살핀답니다'라는 말을 자주 사용한다.				○	
36. 스포츠나 노래를 즐길 수 있다.		○			
37. 현상을 관찰·분석하고 합리적으로 의사결정을 한다.		○			
38. 욕심나는 것을 가지지 않고서는 못 배긴다.		○			
39. 열등감이 심하고 자신의 감정을 참고 억제한다.				○	
40. 상냥하고 부드러우며 애정이 깃들여 있는 대화나 태도를 한다.	○				
41. 일을 빨리 처리하는 것이 장점이다.		○			
42. 하고 싶은 말을 할 수가 없다.				○	

	CP	NP	A	FC	AC
43. 상대를 바보 취급하거나 멸시한다.	○				
44. 노는 분위기(놀이)에 저항 없이 어울린다.				○	
45. 눈물에 약하다.		○			
46. 대화에서 감정적으로 되지 않고 이성적으로 풀어간다.			○		
47. 부모나 상사가 시키는 대로 한다.					○
48. 당연히 '…하지 않으면 안된다'식의 말투를 쓴다.	○				
49. '와 멋있다', '굉장하군', '아하!' 등 감탄사를 잘 쓴다.				○	
50. 매사에 비관적이다.	○				

점수 합산	CP	NP	A	FC	AC

11) 문장완성검사 (성인용)

성명		성별	남 / 여	연령	만 세
실시일	20 . . .				

다음에 기술된 문장은 뒷부분이 빠져 있습니다. 각 문장을 읽으면서 맨 먼저 떠오르는 자기의 생각을 뒷부분에 기록하여 문장이 완성되도록 써 주십시오. 시간의 제한은 없으나 되도록 빨리 진행하여 주십시오.

1. 나에게 이상한 일이 생겼을 때 _____ .

2. 내 생각에 가끔 아버지는 _____ .

3. 우리 윗사람들은 _____ .

4. 나의 장래는 _____ .

5. 어리석게도 내가 두려워하는 것은 _____ .

6. 내 생각에 참다운 친구는 _____ .

7. 내가 어렸을 때는 _____ .

8. 남자에 대해서 무엇보다 좋지 않게 생각하는 것은 _____ .

9. 내가 바라는 여인상은 _____ .

10. 남녀가 같이 있는 것을 볼 때 _____ .

11. 내가 늘 원하기는 _____ .

12. 다른 가정과 비교해서 우리 집안은 _____.

13. 나의 어머니는 _____.

14. 무슨 일을 해서라도 잊고 싶은 것은 _____.

15. 내가 믿고 있는 내 능력은 _____.

16. 내가 정말 행복할 수 있으려면 _____.

17. 어렸을 때 잘못했다고 느끼는 것은 _____.

18. 내가 보는 나의 앞날은 _____.

19. 대개 아버지들이란 _____.

20. 내 생각에 남자들이란 _____.

21. 다른 친구들이 모르는 나만의 두려움은 _____.

22. 내가 싫어하는 사람은 _____.

23. 결혼 생활에 대한 내 생각은 _____.

24. 우리 가족이 나에 대해서 _____.

25. 내 생각에 여자들이란 _____.

26. 어머니와 나는 _____.

27. 내가 저지른 가장 큰 잘못은 _____.

28. 언젠가 나는 _____.

29. 내가 바라기에 아버지는 _____.

30. 나의 야망은 _____.

31. 윗사람이 오는 것을 보면 나는 _____.

32. 내가 제일 좋아하는 사람은 _____.

33. 내가 다시 젊어진다면 _____.

34. 나의 가장 큰 결점은 _____.

35. 내가 아는 대부분의 집안은 _____.

36. 완전한 남성상은 _____.

37. 내가 성교를 했다면 _____.

38. 행운이 나를 외면했을 때 _____.

39. 대개 어머니들이란 _____.

40. 내가 잊고 싶은 두려움은 _____.

41. 나의 평생 가장 하고 싶은 일은 _____.

42. 내가 늙으면 _____.

43. 때때로 두려운 생각이 나를 휩싸일 때 _____.

44. 내가 없을 때 친구들은 _____.

45. 생생한 어린 시절의 기억은 _____.

46. 무엇보다도 좋지 않게 여기는 것은 _____.

47. 나의 성생활은 _____.

48. 내가 어렸을 때 우리 가족은 _____.

49. 나의 어머니를 좋아했지만 _____.

50. 아버지와 나는 _____.

12) 문장완성검사 (청소년용)

성 명		성 별	남 / 여	연 령	만 세
실시일	년		월	일	요일

다음 기술된 문장은 뒷부분이 빠져 있습니다. 각 문장을 읽으면서 맨 먼저 떠오르는 생각을 뒷부분에 기록하여 문장을 완성해주십시오. 자신의 마음을 있는 그대로 솔직히 적어야 하며 하나도 빠뜨리지 말고 모두 써 넣어주세요.

1. 내가 가장 행복할 때는 _____.

2. 내가 좀 더 어렸다면 _____.

3. 나는 친구가 _____.

4. 다른 사람들은 나를 _____.

5. 우리 엄마는 _____.

6. 나는 _____ 공상을 잘한다.

7. 나에게 가장 좋았던 일은 _____.

8. 내가 제일 걱정하는 것은 _____.

9. 아이들 대부문은 _____.

10. 내가 좀 더 나이가 많다면 _____.

11. 내가 가장 좋아하는 사람은 _____.

12. 내가 가장 싫어하는 사람은 _____.

13. 우리 아빠는 _____.

14. 내가 가장 무서워하는 것은 _____.

15. 내가 가장 좋아하는 놀이는 _____.

16. 내가 가지고 있는 것 중에서 제일 아끼는 것은 _____.

17. 내가 가장 가지고 싶은 것은 _____.

18. 여자 아이들은 _____.

19. 나의 좋은 점은 _____.

20. 나는 때때로 _____.

21. 내가 꾼 꿈 중에서 제일 좋은 꿈은 _____.

22. 나의 나쁜 점은 _____.

23. 나를 가장 슬프게 하는 것은 _____.

24. 남자 아이들은 _____.

25. 선생님들은 _____.

26. 나를 가장 화나게 하는 것은 _____.

27. 나는 공부를 _____.

28. 내가 꾼 꿈 중 제일 무서운 꿈은 _____.

29. 우리 엄마 아빠는 _____.

30. 나는 커서 _____ 이(가) 되고싶다.

31. 내 소원이 마음대로 이루어진다면,

　　첫째 소원은 _____.

　　둘째 소원은 _____.

　　셋째 소원은 _____.

32. 내가 만일 외딴 곳에서 혼자 살게 된다면 _____ 와(과) 제일 같이 살고 싶다.

　　왜냐하면 _____.

33. 내가 만일 동물로 변할 수 있다면 _____ 이(가) 되고 싶다.

　　왜냐하면 _____.

13) 난화를 통한 미술치료

인간은 삶의 초기에 무슨 형태로든지 그려보려는 행동을 하는 과정을 거치게 되며, 성인이 되어서도 낙서나 낙화를 그려 본 경험이 있거나 낙서나 낙화를 한 것을 보게 된다. 그것은 초조감을 느끼는 경우이거나 자기 혼자만의 자유로운 세계를 가지게 되었으나 남들이 자기를 보지 않는다는 심리적 안정감에서 표출되는 내적인 욕구나 갈등을 해소하는 방법 가운데 하나이다. 바로 이런 의미에서 난화는 낙서나 낙화의 심리적 투영과 같은 맥락으로 생각해 볼 수도 있을 것이다. 난화란 '긁적거리기'라는 의미를 가지고 있다. 난화형식은 아무런 목적의식이 없는 놀이가 되는 동시에 곧 그들의 정서나 희열을 나타내는 것으로 볼 수 있다. 난화를 그리는 방식은 따로 없지만 간단하게 설명을 하자면, A4용지에 큰 테두리로 네모를 만들어줘도 되고, 용지를 그대로 줘도 된다. 그리고 연필을 들고 멈추라고 할 때까지 종이에서 떼지 말고 낙서를 하면 된다. 그 다음 숨은 찾기 놀이를 하면 된다.

14) Family Tree(패밀리 트리):가족 간 관계 알아보기

15) 감정을 나타내는 표현들

1) 행복함·즐거움·사랑의 표현들

기쁜	벅찬	포근한	흐뭇한	상쾌한	짜릿한
시원한	반가운	후련한	살맛나는	아늑한	신바람 나는
흥분되는	온화한	안전한	느긋한	끝내주는	날아갈 듯한
괜찮은	쌈박한	정다운	그리운	화사한	자유로운
따사로운	감미로운	황홀한	상큼한	평화로운	야릇한

2) 슬픔·회한·좌절의 표현들

뭉클한	눈물겨운	서운한	처량한	울적한	위축되는
북받치는	애끓은	애처로운	외로운	후회되는	울고싶은
적적한	쓸쓸한	주눅드는	공허한	허전한	뭔가 잃은 듯한
애석한	낙심되는	우울한	참담한	맥 빠지는	마음이 무거운
막막한	비참한	풀이 죽은	암담한	무기력한	거북한
죽고 싶은	서글픈	안타까운	절망적인	자포자기의	짓눌리는 듯한
허탈한	애틋한	침울한			

3) 분노·미움·싫음의 표현들

얄미운	열받는	지겨운	못마땅한	권태로운	불만스러운
불쾌한	불편한	피하고 싶은	찜찜한	떨떠름한	넌더리나는
언짢은	후덥지근한	씁쓸한	괘씸한	성질하는	약 오르는
쌀쌀한	역겨운	부담스러운	속상한	원망스러운	하찮은
더러운	귀찮은	기분 나쁜	짜증스러운	신경질 나는	핏대 나는
메스꺼운	끔찍한	혐오스러운	따분한	세상이 싫은	분한
심술나는	지루한	진저리나는	꼴보기싫은	지긋지긋한	

4) 고통·두려움·불안·놀라움의 표현들

초조한	무서운	긴장되는	어이없은	당황스러운	전전긍긍하는
조급한	걱정스러운	참담한	두려운	억울한	참을 수 없는
가혹한	위태위태한	난처한	조마조마한	어리둥절한	큰일 날 것 같은
겁나는	조바심 나는	섬뜩한	떨리는	답답한	정신이 번쩍 드는
멍한	기가 막힌	놀라운	살벌한	충격적인	죽을 것 같은

5) 부끄러움·죄책감·의심의 표현들

부끄러운	쑥스러운	수줍은	멋쩍은	민망한	가라앉는 듯한	
계면쩍은	어색한	미안한	애매한	야릇한	뻔뻔스러운	
어중간한	미심쩍은	서툰	묘한	놀림 받은	뭔가 아닌 듯한	
자책하는	이상한	창피한	죄스러운	한심한	안심이 안 되는	
벌거벗은	영문 모를	캄캄한	무거운	쪽팔리는	아리송한	

6) 힘과 관련된 느낌들

활기찬	힘찬	생생한	의기양양한	든든한	격렬한	
열렬한	당당한	팔팔한	엄청난	자신만만한	싱싱한	
강렬한	충만한	무기력한	기죽은	넋 나간	패기만만한	
왜소한	미약한	미세한	야생마 같은			

7) 소외감이나 기타 느낌들

그저 그런	피곤한	뭔가 저지르고 싶은	마음을 닫고 싶은
밥맛 떨어지는	무감각한	뒷전에 물러난 듯한	중간에 끼인 듯한
개 같은	버려진	궁지에 빠진	따돌림 당한 듯한
마음이 급한	녹초가 된	덫에 걸린	뭐가 뭔지 알 수 없는
들뜬	무관심한	주체할 수 없는	양다리 걸친 것 같은
뒤틀린 것 같은	쉬고 싶은	벼랑에 선 듯한	정리가 안 된 듯한
퇴짜 맞은	기대고 싶은	피곤한	걷어차인
혼란스러운	벽과 맞닥뜨린 듯한		

▶ 출처, [사티어 의사소통 훈련 프로그램]. 김영애 저. pp 75-76

정서일지

　　　　　　　　　　　　　년　　월　　일

1) 오늘의 감정(기분)

2) 내 감정 인식하기

　• 무슨 일이 일어났을 때, 위의 감정이 올라왔는가?

3) 오늘 나에게 가장 고마웠던 사람에게 감사의 글을 남긴다면?

행복·사랑스러움, 고마움, 감사함, 황홀감, 극치감, 명랑 쾌활함, 만족감, 반가움, 기쁨, 흥미·기대감, 관심, 열심, 몰두감, 재미, 흥분 / 혐오감·기피하고싶음, 싫어함, 증오, 구역질 슬픔·우울, 기분이처지고 가라앉음, 절망, 실망, 미안함, 불행감, 비통함 후회스러움, 분노·짜증, 불쾌감, 불만, 격노, 시기심, 좌절, 화 / 경멸-무례함, 비관적, 씁쓸함, 거부함, 두려움·불안, 겁남, 걱정스러움, 혼란스러움, 경악, 예민함, 무서움, 소심함, 불편함, **핵심감정 16가지**: 부담감, 경쟁심, 억울함, 열등감, 외로움, 그리움, 질투, 두려움, 화, 무기력, 허무, 슬픔, 불안, 공포, 소외, 적개심

◆ 정서일지: 감정이 전하는 메시지, 의미 찾기 ◆

① 최근에 자신이 경험한 감정들을 모두 찾아 써 보세요

② 그 감정들 중에서 한 가지를 골라 다음 물음에 답해보세요.

♥ 이 감정 (　　) 과 관련하여

・그 감정이 생기게 된 상황을 간략하게 설명하세요.

・그 감정을 느낄 때 나의 신체 상태는?
(긴장되어 있는가, 심장박동, 수면 방해 등)

・그때 무슨 생각을 하였는가? (또는 무슨 말을 되 뇌이고 있는가)

- 어떻게 행동하게 되는가?

③ 이 감정은 요즘 나에게 무엇이 중요하다고 말해주는가? (관심사, 목표, 동기) 또는 내가 진정으로 원하는 것은 무엇인가?

④ 그것을 오늘, 여기에서 현실적으로 이루기 위해 책임감 있게 실천할 수 있는 것 2가지를 써 보세요. (작고 구체적으로)

⑤ 최근 나에게 혜택을 준 대상에게 감사한 마음을 표현한다면? 감사카드를 적어보실 래요? (감사란 다른 사람이 내 삶에 어떻게 혜택을 주었는지를 말과 행동으로 알려주는 것)

16) 나를 불편하게 하는 감정 찾기

1. (   ) 개

대인관계	위축되어 있다	긴장되어 있다	요구를 못 한다	거절을 못 한다
가족관계	집에서는 지쳐 있다	늘 지쳐 있다	눈치를 보게 한다	함께 자리 하기를 피한다
일·공부	잘할려고 한다	혼자 다 한다	할 일이 산더미 같이 쌓여 있다	
강점	열심히 산다	맡은 바를 다 한다	든든하다	

2. (   ) 개

대인관계	이기려고 한다	지고는 못 산다	조급하다	정성을 들이다
가족관계	비교를 잘한다	무시한다	표현이 자극적이다	경쟁대상으로 본다
일·공부	1등이 되어야 한다	상대보다 더 잘한다	이기는 데에만 집중한다	사소한 일에 목숨 건다
강점	집중력이 있다	포기하지 않는다	성공 지향적이다	

3. (   ) 개

대인관계	남의 탓을 잘한다	건드리면 터진다	권위에 반항적이다	자존감 낮아 상처를 잘 받는다
가족관계	조정하려한다	지배하려 한다	책임지려 한다	인정 안해주면 화를 낸다
일·공부	확실하다	장단점 파악을 잘 한다	조직관리 능력이 있다	
강점	의리 있다	정의감이 있다	설득을 잘한다	

4. (   ) 개

대인관계	소심하다	기가 죽어 있다	인정받으려고 애쓴다	경쟁적이다
가족관계	비난하다	마음에 안들어 한다	헌신적이다	잘 하도록 부추긴다
일·공부	자책한다	책임감이 있다	잘하려고 기를 쓴다	쉽게 포기한다
강점	자기 자신을 잘 안다	반성 능력이 있다	비교분석을 잘한다	끊임없이 자기개발을 한다

5. (   )개

대인관계	사람을 좋아한다	혼자 있고 싶어한다	의존적이다	함께하고 싶어한다
가족관계	의사소통이 일방적이다	밖으로 돈다	은근슬쩍 미룬다	상처를 받을까봐 두려워 한다
일·공부	시작을 잘한다	벌려놓고 마무리 안한다	혼자서 한다	
강점	무사태평이다	사람을 편안하게 해준다	현재의 삶을 즐긴다	주관이 뚜렷하다

6. (   )개

대인관계	애잔하다	살갑다	친절하다	미련이 많다
가족관계	걱정이 많다	간섭이 많다	다정다감하다	
일·공부	우유부단하다	이상주의적이다	일에 애정이 많다	자기 것을 잘 챙긴다
강점	감수성이 풍부하다	대화를 즐긴다	사람을 잘 챙긴다	마당발이다

7. (   )개

대인관계	잘 삐진다	샘이 많다	잘난체하는 걸 못 본다	공주병, 왕자병이 있다
가족관계	나만 바라봐 주기를 바란다	'놀아줘'	친밀하고 싶어한다	영순위이기를 바란다
일·공부	최고가 되려고 한다	나만 잘 하면 된다	쌤통이다	다른 사람을 인정하지 않는다
강점	자존심이 있다	감수성이 예민하다	감정을 잘 알아차린다	잘났다

8. (   )개

대인관계	눈치 봄 / 조심	다가가지 못한다	자기주장이 강하다	상처를 받을까봐 두려워 한다
가족관계	엄격하게 대한다	편하게 대하지 못한다	두려움 때문에 화를 낸다	
일·공부	실패를 두려워한다	시작하는 것이 힘들다	시간이 걸린다	상대방의 평가에 민감하다
강점	신뢰가 높다	예의가 바르다	끈기가 있다	노력한다

9. (　　) 개

대인관계	상처를 잘 준다	예민하다	관계가 힘들다	화를 참는다
가족관계	성질 부린다	짜증낸다	잘 삐진다	긴장감을 느끼게 한다
일·공부	시원하게 한다	홧김에 저지른다	갈등을 일으킨다	일을 화풀이한다 (일중독)
강점	추진력이 있다	에너지가 많다		뒤끝이 없다

10. (　　) 개

대인관계	관계불감증	자주 잠수 한다	신경쓰이게 한다	매사가 귀찮다
가족관계	표현을 못한다	자신에게 화가 난다	답답하게 만든다	천불나게 한다
일·공부	멍하다	결과물이 없다	염두가 안난다	잠속으로 피한다
강점	경제적이다	무리하지 않는다	겸손하다	엄청난 잠재력이 있다

11. (　　) 개

대인관계	썰렁하게 한다	무의미하게 만든다	초월한 척 한다	힘 빠지게 한다
가족관계	힘들게 한다	허기지게 한다		왕따 당한다
일·공부	의욕이 없다	흥미가 없다	게으르다	
강점	경계가 없다	욕심이 없다	초연하다	수용력이 있다

12. (　　) 개

대인관계	노심초사한다	망설인다	전전긍긍한다	안정부절 못한다
가족관계	확인전화를 자주 한다	잔소리가 많다	강박적이다	통제하려고 한다
일·공부	완벽하게 준비한다	깔끔하다		철저하게 계획한다
강점	순발력 / 열정적	세세하게 표현한다	분위기 메이커이다	솔직하고 투명하다

14. (　　) 개

대인관계	거리를 둔다 (자기보호)	위협을 느껴야 관계한다	속으로 믿고 있다	'죽기 살기' 심정이다
가족관계	냉랭하게 대한다	공포분위기를 조성한다	천진난만하다	장난기가 있다
일·공부	빈틈없다	꼼꼼하다	한순간도 놓치지 않는다	끝장을 본다
강점	창의적 / 여림	상상력, 아이디어 풍부	속내가 따뜻하다	리더쉽이 있다

15. ( ) 개

대인관계	거리를 둔다	단짝을 만든다	무관심한척 한다	먼저 다가와 주길 기다린다
가족관계	관심없다	적막하다	무미건조하다	
일·공부	제대로 하려고 한다	완벽하게 하려한다	시도가 어렵다	비난을 두려워한다
강점	완벽하다	끈끈하다	집중력 있다	노골적으로 관심을 보인다

16. ( ) 개

대인관계	초긴장상태다	공격적이다	아군 아니면 적군이다	적개심을 드러내거나 두려워서 외면한다
가족관계	감정표현이 극단적이다	삭막하다	쓸쓸하다	
일·공부	실패는 죽음이다	죽기 살기로 한다	'내가 죽든지 네가 죽든지 해보자'는 심정이다	
강점	올인한다	목표지향적이다	위기대처능력이 있다	

	감정	점수
1	부담감	
2	경쟁심	
3	억울함	
4	열등감	
5	외로움	
6	그리움	
7	질투	
8	두려움	
9	화	
10	무기력	
11	허무	
12	슬픔	
13	불안	
14	공포	
15	소외	
16	적개심	

17) 맥아담스의 7단계 자서전 쓰기

양유성(2004)은 맥 아담스(Dan P. McAdams)의 치료적 자서전 쓰기 전개 방식을 소개하는데 다음과 같이 7단계를 거쳐서 글을 쓰게 된다.

1단계: 자서전 윤곽 잡기(Life-Chapters Question)

자신의 삶이 한 권의 자서전으로 이미 쓰였다고 가정하고 이름을 붙여본다. 아울러 지금까지 살아온 삶을 시대별/주제별로 나누고 각 시기마다 이름을 붙여본다. 책으로 따지면 각 장(章:chapter)의 이름을 붙이는 작업이다. 이렇게 하면 막연하게 쓰는 것보다 훨씬 글을 풀어내기가 쉽고 자신의 삶의 전체적인 윤곽을 그리는데도 도움이 된다. 각 장에 사건의 개요 등 간략한 정보를 채워넣는 것으로 1단계를 마무리할 수 있다. 이때 마인드맵 기법을 활용하여 한 페이지에 각 단계를 그려놓고 집필하면 좋을 것이다. (마인드맵을 그릴 수 있는 씽크와이즈 프로그램 다운로드)

2단계: 삶의 여덟가지 중요경험 기술하기(Eight Key Events)

1) **절정경험(peak Experience)**: 내 인생에서 최고의 순간은 언제였는가를 기술한다.
2) **침체의 경험(Nadir Experience)**: 내 인생에서 가장 밑바닥에 떨어졌을때는 언제였는지 기록한다.
3) **전환점(Turning Point)**: 나 자신을 이해하는데 중대한 변화를 가져온 사건은 무엇이었는지 기록한다. 즉 인생의 전환점이 되는 사건은 무엇인가?
4) **초기 기억(Earliest Memory)**: 가장 어렸을 때의 기억은 무엇인가? 가장 오랫동안 기억하고 있는 것은 무엇인가? 그 사건의 주요 장면과 분위기, 등장인물, 그 사건과 관련된 사고와 감정 등을 상술한다.
5) **중요한 아동기 기억(Important Childhood Memory)**: 긍정적이든지 부정적

이든지 아동기와 관련된 기억은 무엇인가? 그 기억이 지금의 나와 어떻게 연결되고 있는가?

6) **중요한 청소년기 기억(Important Adolecent Memory)**: 청소년기의 경험과 기억이 현재 나와 어떤 연관을 지니고 있는가?

7) **중요한 성인기 기억(Important Adult Memory)**: 20대 이후의 중요한 기억은 무엇인가?

8) **그 밖의 중요한 기억(Other Important Memory)**: 그 밖의 과거에 일어난 중요한 사건의 기억을 기술한다.

3단계: 중요한 타자에 관한 기술

누구나 자신의 삶에 관한 이야기에는 자신의 삶에 중대한 영향을 미친 타자들이 있게 마련이다. 이런 사람들로는 부모나 자녀, 형제자매, 배우자, 애인이나 친구, 선생님, 직장동료 등을 들 수 있다. 아울러 직접 만나지는 못했지만 책이나 학문을 통해 깊이 영향을 받은 사람이 있을 수 있다. 나의 삶의 이야기에서 가장 중요했던 네 명에 대해 이야기해 보도록 한다. 적어도 이 네 명 중 가운데 한 명은 자신과 혈연 관계가 아닌 사람이어야 한다. 그들과의 관계를 설명하면서 그들이 나 자산의 삶에 어떤 영향을 주었는지 기술한다. 긍정적인 영향을 준 사람은 누구이며 그 내용은 무엇인지, 부정적인 영향을 준 사람은 누구이며 그 내용은 무엇인지를 구체적으로 기록한다.

4단계: 미래에 대해 기술하기

치료의 핵심은 과거사를 어떻게 정리하는가에 있지 않고 그것을 기반으로 하여 어떤 미래를 만들어 갈 것인가에 있다. 이야기 치료에서는 문제가 되는 각본과 자기 자신의 존재를 구별하여 문제 이야기의 영향력에서 벗어나 미래의 대안적인 이야기를 개발해 나가도록 하는 것이 상담적 개입이다. 따라서 이 부분은 매우 중요한 치료적 의미를 가진다. 미래에 대한 전반적인 계획과 자신의 꿈에 대하여 이야기한다. 그러한 꿈과 계획이 나에게 어떤 식으로 삶의 활기와 생산적인 힘을 주는지 써본다.

5단계: 나에게 스트레스를 주는 문제 기술

모든 삶의 이야기는 중요한 갈등, 미해결과제, 심한 스트레스의 기간 등을 갖고 있다. 현재 당신의 삶의 어떤 영역에서 심한 스트레스나 갈등, 어려운 문제나 도전 등을 겪고 있는지 두 가지만 찾아내서 설명해 보라. 이 둘을 각기 스트레스나 문제나 갈등이 구체적으로 어떤 성격을 띠고 있는지, 그것에 관해 무엇을 신경 쓰고 염려하는지, 어떤 식으로 그 문제가 진행되고 있는지, 그것에 관해 미래적인 계획이 있다면 어떤 것인지 등을 이야기해 본다.

6단계: 개인적인 사상과 신념 기술하기

개인적인 신념들을 기술한다. 삶에 대하여, 가정에 대하여, 신앙에 대하여, 정치에 대하여, 가장 중요하다고 생각하는 개인적인 신념들을 기술한다.

7단계: 삶의 전반적인 주제에 관해 기술하기

여러 장을 지닌 책과 같이 당신의 전체적인 삶의 이야기를 돌이켜 보면서 중심적인 주제나 메시지, 신념과 이념 등을 살펴본다. 무엇이 나의 삶에서 가장 중요한 핵심 주제인지 기술한다.

18) 발테그 묘화 검사(WZT)

① 발테그 묘화 검사의 배경

발테그 묘화검사는 발테그에 의해 개발된 묘화검사이다.

② 발테그 묘화 검사의 특징

검사용지는 8개의 굵은 테두리로 구획된 영역이 있고 거기에 여러 가지 자극적인 도형이 그려져 있다. 내담자는 각각의 영역에 그림을 그리도록 하여 이때 어떤 형태로든 각각의 자극적인 도형에 반응을 나타내게 된다. 8칸에 뭔가를 그리도록 지시하고 가장 마지막에 그린 그림에 표시를 하게 한다. 자극도에 대해 내담자가 어떠한 인상을 받고, 무엇을 그려내는가를 살펴봄으로써 그 자극도와 연결된 주제에 대한 내담자의 반응이나 태도를 이해할 수 있으며 문제 발견 시 곧바로 상담의 자료로서 사용이 가능한 점이 타 검사와의 차이점이다.

③ 발테그 묘화검사의 준비도구

8개의 사각형이 그려진 A4 용지, 연필

④ 발테그 묘화검사 지시방법

"이 8개의 테두리 안에 모두 무엇인가를 그려주세요"라고 지시한다. 각각의 테두리 안에는 자극도가 그려져 있지만 내담자가 이 자극도를 사용하여 그림을 그리도록 지시해서는 안된다. 순서대로 그리도록 하는데 그리기 힘든 것은 나중에 그려도 된다고 지시한다.

⑤ 발테그 묘화검사 완성 후 지시방법

- 최후에 그린 것을 묻는다. 나중으로 미루어서 그렸다는 것은 그 사람에게 있어서 현재 다루기 힘들고 꺼리는 감정이 있는 주제이다.
- 무슨 그림인가를 묻는다. 검사를 받고 있는 사람에 의한 의미해석을 중시한다.
- 좋아하는 그림, 싫어하는 그림을 묻는다. 피험자에 의한 평가나 기타 연상되는 것들을 묻는다.

⑥ 발테그 묘화 검사 해석

1. 자극도를 활용하는가?
- 자극도를 완전히 무시하는 경우: 내적 실현 중시

2. 그 성질에 대해 반응하고 있는가?
- 1, 2, 7, 8: 테두리 안에 그려진 자극도 곡선적
- 곡선적 반응: 생명력이 있는 것이 그려짐
- 3, 4, 5, 6: 테두리 안에 그려진 자극도 직선적
- 직선적 반응: 사물이 그려지는 경향
- 자극도의 서로 다른 성질에 전혀 반응하지 않고 그려진 그림: 내담자의 주관성이 강함을 시사

3, 테두리 안의 주제에 반응하고 있는가?
- 1과8 자아와 안심, 2와 7 감성과 감수성
- 3과5 달성과 긴장(능력), 4와 6 문제와 통합

4. 테두리 안의 주제에 반응하고 있는가?
- 중심적·집약점, 중심성(점)·자기·자아
- 유동적·부동적, 운동·움직임·부유·감정
- 상승 경향·엄격성·규칙성, 상승·노력②의욕
- 중량감, 무의식 영역과의 관련 / 하중·무게·곤란·문제성
- 갈등·긴장감 / 긴장, 능력 3에 필요한 에너지는 어떠한가?
- 통합, 정체성, 완전성, 통합
- 섬세함, 민감함 / 감수성·민감성
- 마음 편안하고 느긋함, 감싸기 / 안심

(각 주제에 적합한 것인지, 특징적 반응을 인식하고 있는지 검토)

Wartagg-Zaichentest(WZT)

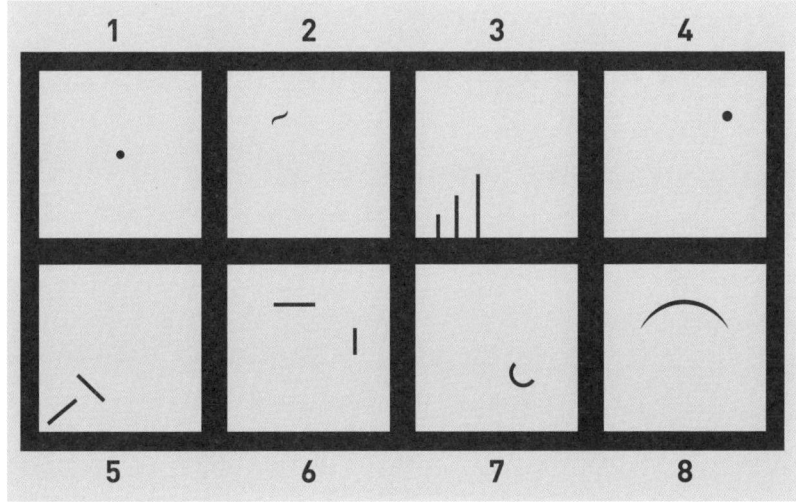

19) 달팽이 집 따라가기

달팽이 집 따라가기

이름 _____

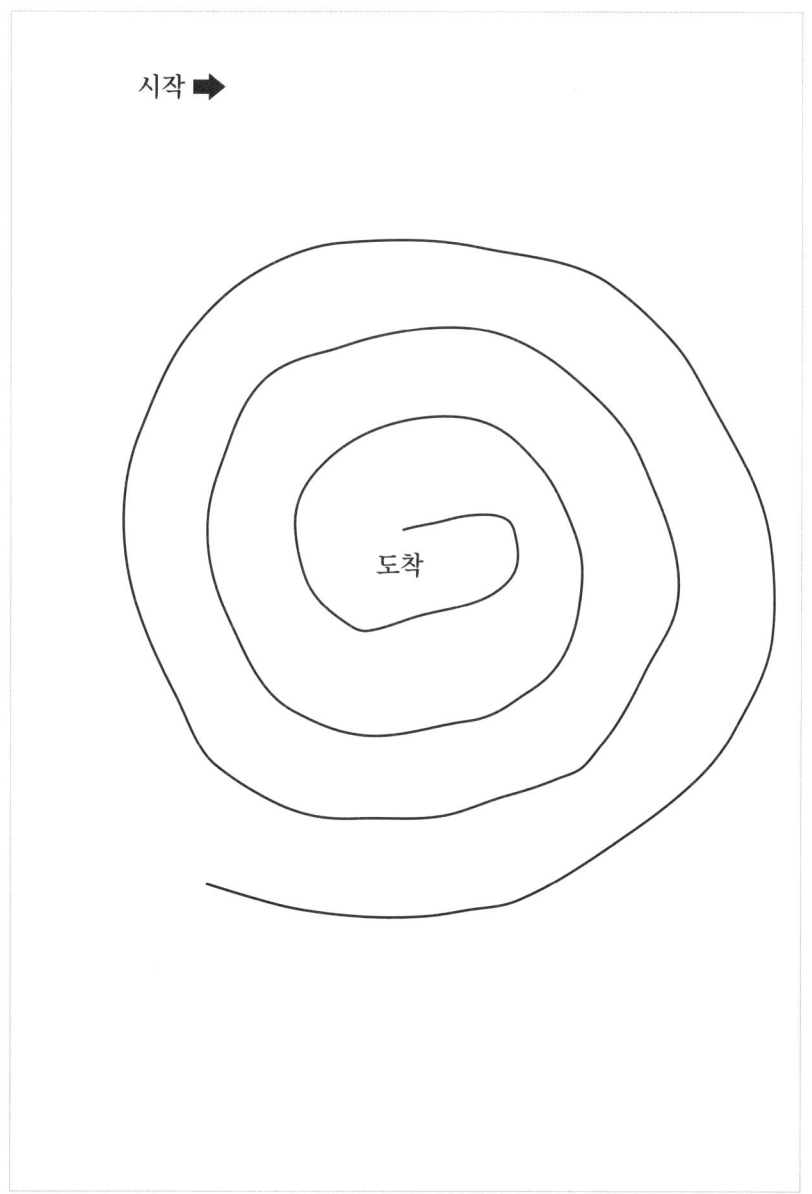

04

독서활동 프로그램

회기	주제	활동명	목표	독서활동 자료	관련활동	준비물/과제
1	만남	자기소개	첫만남을 통해 서로 알아가기	<안녕 하세요? 저의 별칭은 OOO 입니다>	• 별칭 짓기와 자기소개 • 문장완성검사 (사전) • 자기진단/프로그램평가(사전)	• 필기도구(매주). 명찰/출석부(매주) • 스프링 노트/펜 배부 (개별)
2	내 안의 나	특별한 나	내가 특별한 점(이유) 발견하기	<너는 특별 하단다>	• 짝을 지어 상대방에게 내가 특별한 이유 1가지씩 말하기	• 포트폴리오용 클리어파일 (개별) • 과제: 내가 특별하고 소중한 이유 100가지

3	내 안의 나	소중한 나의 가족	가족이 소중한 이유 발견하기	<언제까지나 너를 사랑해>	• 어린 시절의 가족화 그림 그리기	• 빈공책 • 과제: 8행시 사랑하는 나의가족
4		나를 지배 하는 생각	비합리적 사고 패턴 파악하기 수정하기	<청년이 화가 났던 진짜 이유>	• 비합리적 사고 진단 검사 • 비합리적 사고 전환 활동	• 과제: 내가 바꾸고 싶은 생각 3, 실천할 수 있는 일 2
5	타인과 나	스트레스 받은 나와 너	스트레스 알기 스트레스 다루기	시 <하늘에 별심기> 유머 <뛰는 놈과 나는 놈>	• <하늘에 별심기> 대체 시 쓰기 • 감정카드 (표정카드) • 유머 읽고 함께 웃기	• 내 안의 스트레스와 원인표
6		분노 하는 나와 너	내안의 분노 이해하기 위로/풀어주기	시 <행복한 기도> <최신분노치료> 편집자료	• 빈의자 기법: 분노의 원인/대상/사건과 대화하기	• 빈의자, 감정카드 • 과제: 분노대상과 대화 글쓰기
7		공격 하는 나와 너	분노조절/ 충동조절 학습하기	<세 강도> <제랄다와 거인>	• 나 -메세지 대화법으로 분노의 대상과 대화하기	• 과제: 글쓰기: 분노의 3대상과 나-메세지 대화 (1일 1대상)
8		용서 하는 나와 너	나를 용서하기 남을 용서하기	<성난 아이> <상처와 용서>	• 내게 상처를 준 나/대상 용서하기 • 내가 상처 준 나/대상 용서구하기	• 감정/표정카드 • 과제:용서의 편지

9		가장 소중한 것 3가지	현재 내게 가장 중요한 것 알기	<세 가지 질문>	• 나의 인생선 • 내 인생의 중요 시기에 가장 소중했던(한) 사람, 시간, 일	• 예쁜 편지지(3장씩) • 과제:보내는 편지, 보내지 않는 편지
10	변화되는 나	대화하는 우리	인간관계를 위한 경청과 공감 경험하기	시 <듣게 하소서>	• 경청 게임 <돼지 뽕> • 공감 게임 <맞아! 맞아!>	• 과제:공감적 경청기법
11		회복된 나의 꿈	잊혀진 나의 꿈을 향해 나아가기	<나무를 심은 사람>: DVD 상영	• 내가 심은 희망의 씨앗	• 과제: 1주일간의 실천표, 11회 기 동안 정리한 파일가져오기
12		칭찬 받고 인정 받는 나	변화된 나 확인하기 인정하기 칭찬하기	시 <당신에게 달린 일>	• 문장완성검사 (사후) • 자기진단/프로그램평가(사후) • 자신에게 줄 상장 만들기 <상장수여식>	• 진단도구. 상장 • 쫑파티

감정읽기 프로그램

구분	차시	단원명	세부 목표	선정 도서	세부 활동
도입	1	구성원 하나 되기	• 프로그램 목적과 내용 이해 • 집단원들간의 친밀감 형성	• 나는 누구일까요? • 눈은 이름이 참 많아요	• 오리엔테이션 • 약속 정하기 • 서약서 작성 • 자기 소개하기 • 별칭 짓기
자기 이해	2	이해하기 (내가 보는 나)	성격 특성 이해	• 머리에서 발끝까지 • 빈화분	• 조하리의 창 • MBTI • DISC
자기 이해	3	바라보기 (타인이 보는 나)	나의 대화방식 점검	• 조금 남다른 개미 • 거꾸로 나라에 간 안나 • 짓어봐 조지야	• 샤티어 의사소통 유형 • (시) 삼킬 수 없는 것들
자기 이해	4	바꿔보기 (관점 바꾸기)	자신의 긍정적 감정경험	• 빨간나무 • 불안 • 천천히 천천히 천천히	• 자신의 장·단점 • ABCDE 기법 • 비합리적인 생각 이해
자기 상처 보기 (PTSD)	5	감정알기	다양한 감정 표현	• 겁쟁이 빌리 • 침대 밑에 괴물이 있어요 • 백만년 동안 절대 말 안해	• 불편한 감정 찾기 • 감정카드
자기 상처 보기 (PTSD)	6	자기용서	용서하지 못한 부분 탐색하기	• 터널 • 그림자 아이가 울고 있다	• 과거의 나 • 현재의 나 • SCT • 편지쓰기
자기 상처 보기 (PTSD)	7	자기 수용 (받아드림)	부정·긍정의 사고와 감정 인정하고 이해	• 엄마의 선물 • 나는 비가 좋아요	• 듣고 싶은 말 • 듣기 싫은 말 • 싫어 싫어 빙고게임

대인관계	8	둘러보기	• 주변 사람들 탐색 • 다르다는 것을 이해	• 사냥감은 어디에 • 은행나무처럼	• 버리면 보인다 • 만다라 색칠하기
	9	욕구 알아 보기	want 이해 및 표현하기 need 찾기	• 일 (one) • 두 사람 • 백만 년 동안 절대 말 안해	• WDEP 활용하기 (나의 욕구 알기)
	10	나 & 타인 존중하기 (1)	• 자기 존중하는 방법 탐색 • 패밀리 트리를 통한 자신의 위치 & 역할	• 중요한 사실 • 틀려도 괜찮아	• 상황에 따른 존중 행동 • 비(非)존중 행동을 존중행동으로 전환하기
	11	나 & 타인 존중하기 (2)	타인을 통해 사랑받고 있는 존재임을 알기	• 맥스 • 지각대장 존	• 교류분석 • 감정빙고
종결	12	우리	자기 있게 말할 수 있는 용기	• 괜찮아 • 빨리 빨리라고 말 하지 마세요	• 나의 생각 정리하기 • 소중한 나 (나를 이렇게 대해 주세요)

감정읽기 프로그램

회기	주제	활동내용	공감요소	도서자료
1	이런 '나'가 되고 싶어요	• 나를 나타내어 보기 • 공감에 대해 이야기하기	예비 공감	내 마음을 표현한 그림찾기 (감성)
2	귀 기울여 보세요	주의 집중 훈련 (공감적 경청방법 이야기해보기)	인지, 표현	내 말좀 들어주세요 제발 (하인츠애니쉬)
3	바로 이게 나였어	자기이해 및 수용	정서, 인지	빨간나무 (숀텐)
4	너는 그랬구나	타인이해 및 수용 공감 반응하기	인지, 정서	바로 너야 (레지나)
5	진실은 말하기 어려워	• 자기개발 및 공감 반응 • 역할극, 공감표현 사용하여 말해보기	표현 인지	굿바이 블랙독 (매튜 존스톤)
6	마음이 가벼워요	• 공감화법 적용 • 공감적 화법 사용하여 말하기	표현, 인지	샤를의 기적 (알렉스쿠소)
7	내 마음이 곧 내 마음	공감적 지지와 반응 주고받기	표현, 정서	마음이 아플까봐 (올리버제퍼스)

독서치료 프로그램

회기	주제·목표	자료	활동내용
1	오리엔테이션 및 자기소개	도서: 안녕하세요!	• 프로그램 소개 • 집단 서약서 작성 • 네임텐트 말들기
2	구성원과 신뢰감 쌓기	도서: 커다란 순무	• 숨은 그림 찾기 • 단어 모아 문장 만들기
3	감정 인식하기	도서: 기분을 말해 봐요	• 감정의 종류 알아보기 • 오늘 기분 어때요. • 감정카드
4	감정 표출 및 조절 (화)	도서: 화가 나는 건 당연해!	• 화나는 상황 & 표출 방법
5	감정 표출 및 조절 (슬픔·우울함)	도서: 누구에게나 우울한 날은 있다. 내가 가장 슬플 때	• 어떨 때 우울 하니? (어떤 위로가 필요해?)
6	감정 표출 및 조절 (불안·두려움)	도서: 토끼들의 섬	• 이럴 때는 이렇게 (불안·두려움을 이겨 낸 경험 나누기) • 걱정 인형 만들기
7	나의 장점 찾기	도서: 강아지 똥	• 보여 지는 나, 보여 주고 싶은 나 • 자신감 구호 만들기
8	하고 싶은 일, 해야 할 일 찾기	도서: (꿈의 궁전을 만든) 우체부 슈발	• 나의 꿈 목록
9	관계 살펴보기	도서: 내 말 좀 들어 주세요	• 대인관계 지도 그리기
10	대화기술 익히기	도서: 학과 해오라기	• 경청하기 • 효과적인 요청과 거절 • 나 전달 법
11	감사하는 마음 나누기	도서: 내가 고마운 이유는 말 이야	• 롤링 페이퍼
12	한 걸음 더 나아가기	도서: 노엘의 산책	• 나에게 쓰는 편지

출처 : [책과 함께하는 마음 놀이터 3]

참고문헌

- 독서치료와 미술치료를 통합한 예술치료 프로그램이 인터넷 중독에 미치는 영향에 관한 질적 연구: 초등학생을 대상으로, 최애나, 2013
- 비만 아동에 대한 통합예술치료 프로그램 효과 연구: 자아상·스트레스·자기효능감·자아존중감을 중심으로. 예술심리치료연구, 9(1), 121-138, 이근매, 2011
- 예술심리치료의 특성과 효과에 관한 연구. 예술심리치료연구, 7(2), 59-81, 이은진, 최애나, 임용자, 2008
- 예술심리치료의 이해. 서울: 창지사. p.6
- 성공적 노화를 위한 통합예술치료 연구: 시설 거주 노인 대상 A study on Integrative Arts Therapy for Successful Aging-Focused on a Home for the Elderly People, 동덕여자대학교 문화예술치료대학원통합예술치료학과 통합예술치료전공, 권현경 조승희. 2014
- 섭식장애 여성의 자아존중감 향상을 위한 통합예술치료:단일 사례연구(석사 논문), 한양대학교 교육대학원, 서울, 김진숙, 1996
- 예술심리 치료의 이론과 실제, 서울, 중앙적성출판사
- 통합예술치료가 시설 치매노인의 인지와 우울에 미치는 효과 및 회기과정 분석 Effects of Integrative Arts Therapy on Cognitio, 원종언. 2011
- 통합예술치료 프로그램이 중학생의 자아정체감에 미치는효과. 석사학위논문, 순천향대학

- 교, 김영천, 2013
- 통합예술치료프로그램이 정신장애인 재활에 미치는 효과: 조현병환자를 대상으로(박사학위), 대구대학교, 대구
- 리더십 향상과 직무스트레스 감소에미치는 영향
- 통합예술치료가 시설 치매노인의 인지와 우울에 미치는 효과 및 회기과정 분석
- 폴 리쾨르의 철학, 윤성우 지음, 철학과 현실사, p248-50
- 그림책을 활용한 독서치료프로그램이 초등학생의 행복감과 언어습관개선에 미치는 효과, 목포대학교 교육대학원 교육학과 상담교육전공 강정금, 2017년
- 그림책을 활용한 독서치료프로그램이 초등학생의 자아존중감 및 교우관계에 미치는 영향. 인제대학교 교육대학원 석사학위 논문, 이영숙. 2012
- 독서치료 어떻게 할 것인가. 서울: 학지사, 이영식, 2006
- 그림책의 세계, 파주: 주니어 김영사, 신명호, 2009
- 그림책의 이해1, 파주: 사계절, 현은자·김세희, 2008
- 그림책 활용 독서프로그램이 초등학교 고학년 학생의 공감능력 및 교우관계에 미치는 영향, 석사학위 논문, 아주대학교, 최미정, 2010
- 그림책을 활용한 독서치료 프로그램이 중학생의 자아존중감 향상에 미치는 영향, 충북대학교 교육대학원 학교상담 전공, 최은실, 2020
- 조조의 [잡다한 일상]
- 이야기 치료, 서울: 학지사, 양유성, 2009
- 상호작용을 통한 독서치료, 학지사, 한국독서치료학회, 2019
- 그림책으로 여는 세상, 렛츠, 조난영, 2020

그림책 거꾸로 보기

- 사진·미술·음악·영화·그림책 활용 통합예술적 심리치료 가이드북 -

인쇄·발행　2022년 3월 31일
지은이　김현화·박경은·이경희
펴낸 곳　꿈과 비전
발행·편집인　신수근
편집디자인　한미나
등록번호　제2014-54호
주　소　서울 관악구 관악로 105 동산빌딩 403호
전　화　02-877-5688(대)
팩　스　02-6008-3744
이메일　samuelkshin@naver.com

ISBN 979-11-87634-28-7 부가기호 03180

정가 18,000원